Accounting

# 会計学

Susumu Tomooka
友岡 賛 編

慶應義塾大学出版会

# 緒言

　本書は会計学の入門的なテキストとして，別言すれば，これから会計学を学ぼうとしている向き向けのテキストとして編まれている。

　「第1章」は会計という行為の，定義，から説き起こし，この行為のプロセスを，認識，測定，および伝達，の3段階からなるものとしてとらえ，また，会計という行為の，目的ないし機能，およびこれに前提されている，企業の種々の利害関係者の存在，などについて述べている。

　「第2章」は会計がおこなわれるさいの，前提，について述べ，すなわち，会計公準，および，会計主体の問題（要するに，いわゆる企業観の問題），について述べ，また，継続企業の公準（会計期間の公準），の概説とかかわらしめて会計の，歴史，にも言及している。

　「第3章」は会計における「取引」という概念について述べたのち，取引の記録，について略述し，また，「資産」，「負債」，「資本」，「収益」，および「費用」という会計の基礎概念を概説しつつ，これらを要素とする貸借対照表および損益計算書の基本的な仕組みなどを説明している。

　「第4章」は会計の一般原則，すなわち，企業会計の全体にかんする包括的な基本原則，財務諸表の作成における規範的なルール，とされる原則について説明している。企業会計原則にしめされる，一般原則，すなわち，真実性の原則，を首めとする7原則と，企業会計原則注解にしめされる，重要性の原則，とについて解説している。

　「第5章」は会計における認識，測定，および伝達の3段階のそれぞれにおける，原則，について説明している。たとえば認識の段階における，現金主義，発生主義，実現主義，収益費用対応の原則，測定の段階における，取

得原価，を首めとする種々の測定値，伝達の段階における，明瞭性の原則，などをいささか詳しく解説している。

「第6章」は貸借対照表について解説している。貸借対照表の構成要素たる資産，負債，および資本（ないし純資産）の関係をしめす，貸借対照表等式，および，資本等式，から説き起こし，このみっつの構成要素について，本質，を論じ，また，種々の貸借対照表項目について説明している。

「第7章」は損益計算書について解説している。損益計算書の構成要素たる収益および費用（そして利益）について論じたうえ，この計算書における種々の利益計算および種々の利益について述べ，さらに，この計算書の表示における原則について説明している。

「第8章」はキャッシュ・フロウ計算書について解説している。利益と収支との異同，によるキャッシュ・フロウ計算書の，存在意義，から説き起こし，この計算書の仕組みおよび具体的な作成方法を説明し，また，この計算書以外の種々の資金計算書（資金にかんする情報をもたらす種々の計算書（キャッシュ・フロウ計算書をふくむ）は「資金計算書」と総称される）の特徴およびキャッシュ・フロウ計算書との異同について述べ，さらに，日本におけるいわゆる制度上の変遷にも言及している。

「第9章」は連結財務諸表についていささか詳しく述べている。この財務諸表の，必要性，連結財務諸表原則にしめされる，一般原則，および，一般基準，（連結財務諸表の作成はどのような観点からおこなわれるのか，を論う）連結主体論，などについて説明のうえ，この財務諸表の具体的な作成方法を数値例の多用をもって詳説している。

「第10章」は財務諸表分析について解説している。財務諸表分析と経営分析との異同，および，財務諸表（のみ）をもちいた分析の，限界，などを確認のうえ，収益性分析，安全性分析，生産性分析，成長性分析，収益性分析における，資本利益率，を首めとする種々の具体的な指標，などについて説明している。

「第11章」は日本のいわゆる会計制度，すなわち，会社法，金融商品取引

法，および税法，というみっつの法律によって規制されるこの国の会計について概説している。（いわゆる企業会計原則（企業会計原則および企業会計原則注解）をふくむ）企業会計基準の概要，かつての商法における会計と証券取引法における会計との対立関係，会社法，金融商品取引法，および税法と企業会計基準との関係，税法と会計とのあいだにおける，逆基準性の問題，などについて略述している。

 2008年12月

友岡賛

## 執筆者紹介（執筆順）

**友岡 賛**　慶應義塾大学教授 ……………………………………… 第1章，第2章，編者註
慶應義塾大学卒業
主要著書
　『近代会計制度の成立』有斐閣
　『歴史にふれる会計学』有斐閣
　『会計プロフェッションの発展』有斐閣
　『会計士の誕生』税務経理協会
　『会計学原理』税務経理協会
　『会計学の基本問題』慶應義塾大学出版会
　『会計の歴史』税務経理協会
　『会計と会計学のレーゾン・デートル』慶應義塾大学出版会
　『日本会計史』慶應義塾大学出版会
　『会計学の考え方』泉文堂
　『会計学の地平』泉文堂
　『会計学の行く末』泉文堂

**小渕 究**　城西国際大学教授 ………………………………………………………… 第3章
慶應義塾大学卒業
著書
　『はじめての簿記・会計学教室』（島崎規子，鈴木勝浩，島崎杉雄との共著）中央
　　経済社

**中山 重穂**　愛知学院大学教授 ………………………………………… 第4章，第9章
慶應義塾大学卒業
主要執筆物
　『会計制度改革への挑戦』（田代樹彦，石井康彦との共訳）税務経理協会
　『財務会計の世界』（安永利啓，友杉芳正編著）税務経理協会
　『会計基準ベーシック・マスター』（田代樹彦編著）税務経理協会
　『就活生のための企業分析』（友岡賛編）八千代出版
　『財務報告に関する概念フレームワークの設定』成文堂

**高瀬央**　武蔵野大学教授 …………………………………………………… 第 5 章
慶應義塾大学卒業
主要執筆物
　「「減価償却」と「減損」と」『税経通信』第58巻第 4 号
　「固定資産の臨時的減価の諸相」『経理研究』第48号
　「簿価切り下げと原価配分の論理」『北海道情報大学紀要』第17巻第 2 号

**高田京子**　杏林大学准教授 ………………………………………… 第 6 章, 第 7 章
慶應義塾大学卒業
主要執筆物
　「引当金会計と経済事象」『慶應商学論集』第14巻第 1 号
　「引当金にかかわる不確実性と因果関係と」『税経通信』第58巻第13号
　「社会福祉法人会計における損益計算の意義」『人間福祉研究』第 8 号

**関口了祐**　名古屋商科大学教授 ……………………………………………… 第 8 章
慶應義塾大学卒業
主要執筆物
　「キャッシュ・フロー計算書の位置付け」『慶應商学論集』第14巻第 1 号
　「資金理論の計算構造」『総合経営・経営情報論集』第48巻第 2 号
　『財務会計の世界』（安永利啓，友杉芳正編著）税務経理協会

**今野喜文**　北海学園大学教授 ………………………………………………… 第10章
慶應義塾大学卒業
主要執筆物
　『「組織力」の経営』（慶應戦略経営研究グループ著）中央経済社
　『経営学イノベーション〈 2 〉　経営戦略論』（十川廣國編著）中央経済社
　『経営学イノベーション〈 3 〉　経営組織論』（十川廣國編著）中央経済社
　『変革期の組織マネジメント』（大平義隆編著）同文舘出版
　『就活生のための企業分析』（友岡賛編）八千代出版
　『経営戦略の課題と解明』（大月博司編著）文眞堂

**鷹野宏行**　武蔵野大学教授　　　　　　　　　　　　　　　　　　　　第11章
慶應義塾大学卒業
主要執筆物
　　『簿記原理の展開』（守永誠治編著）税務経理協会
　　『総解説・国際会計基準』（黒川保美編）日本経済新聞社
　　『会計学の基礎』（友岡賛編）有斐閣
　　『FASB　NPO会計基準』（黒川保美，船越洋之，森本晴生との共訳）中央経済社
　　『現代企業経営のダイナミズム』（現代企業経営研究会編）税務経理協会
　　『映像コンテンツ産業論』（菅谷実，中村清編著）丸善

# 目次

## 第1章　会計の意義 …… 1
第1節　会計の定義　*1*
第2節　会計における認識，測定，および伝達　*2*
第3節　会計の目的　*4*
第4節　企業の利害関係者　*5*

## 第2章　会計の前提 …… 9
第1節　会計公準　*9*
補　節　会計の歴史　*11*
第2節　会計主体　*13*
　第1項　会計主体の問題の意義　*13*
　第2項　会計主体論　*15*

## 第3章　会計の基礎概念 …… 21
第1節　取引の記録　*21*
第2節　財務諸表　*25*
第3節　貸借対照表と損益計算書と　*27*
　第1項　貸借対照表　*27*
　第2項　損益計算書　*32*
　第3項　財産法と損益法と　*33*

## 第4章　会計の一般原則 …… 35
第1節　企業会計原則の一般原則　*35*
第2節　真実性の原則　*35*
第3節　正規の簿記の原則　*37*
第4節　資本取引と損益取引との区別の原則　*38*
第5節　明瞭性の原則　*40*

第 6 節　継続性の原則　42
　　第 7 節　保守主義の原則　44
　　第 8 節　単一性の原則　45
　　第 9 節　重要性の原則　46

# 第 5 章　認識，測定，および伝達の原則　49

　　第 1 節　認識段階における原則　49
　　　第 1 項　認識行為　49
　　　第 2 項　資産，負債，および資本の認識　50
　　　第 3 項　現金主義と発生主義と　51
　　　第 4 項　収益の認識　57
　　　第 5 項　費用の認識　64
　　第 2 節　測定段階における原則　71
　　　第 1 項　測定行為　71
　　　第 2 項　資産，負債，および資本の測定　71
　　　第 3 項　収益および費用の測定　79
　　第 3 節　伝達段階における原則　85
　　　第 1 項　伝達行為　85
　　　第 2 項　明瞭性の原則　85
　　　第 3 項　明瞭表示のための具体的な規約　87

# 第 6 章　貸借対照表　97

　　第 1 節　貸借対照表の構成　97
　　　第 1 項　貸借対照表の要素　97
　　　第 2 項　貸借対照表の様式および区分　99
　　第 2 節　資産　101
　　　第 1 項　資産の本質および分類　101
　　　第 2 項　種々の資産　104
　　第 3 節　負債　112
　　　第 1 項　負債の本質および分類　112
　　　第 2 項　種々の負債　114
　　第 4 節　税効果会計　119

第 5 節　純資産（ないし資本）　*119*
　　　第 1 項　純資産（ないし資本）の本質および分類　*119*
　　　第 2 項　資本取引と損益取引と　*121*
　　　第 3 項　種々の純資産　*121*

## 第 *7* 章　損益計算書　*125*

　　第 1 節　損益計算書の構成　*125*
　　　第 1 項　損益計算書の要素　*125*
　　　第 2 項　損益計算書の様式　*128*
　　第 2 節　損益の源泉および区分　*130*
　　　第 1 項　企業の経営活動と損益の源泉と　*130*
　　　第 2 項　損益計算書の区分　*131*
　　　第 3 項　種々の利益　*132*
　　第 3 節　損益計算書の表示原則　*135*
　　　第 1 項　総額主義と純額主義と　*135*
　　　第 2 項　当期業績主義と包括主義と　*135*

## 第 *8* 章　キャッシュ・フロウ計算書　*137*

　　第 1 節　利益と収支と　*137*
　　第 2 節　キャッシュ・フロウ計算書　*138*
　　第 3 節　キャッシュ・フロウ計算書の表示および作成　*139*
　　　第 1 項　直接法と間接法と　*139*
　　　第 2 項　非資金的損益項目　*140*
　　　第 3 項　キャッシュ・フロウ計算書の作成　*140*
　　第 4 節　資金計算書およびその役割　*146*
　　　第 1 項　資金計算書とキャッシュ・フロウ計算書と　*146*
　　　第 2 項　資金計算書の役割　*147*
　　　第 3 項　支払い能力の評価とキャッシュ・フロウ計算書と　*148*
　　　第 4 項　運転資金計算書　*148*
　　　第 5 項　キャッシュ・フロウ計算書と運転資金計算書と　*150*
　　　第 6 項　その他の資金概念　*151*
　　補　節　日本の会計制度における資金計算書の変遷　*152*

## 第9章　連結財務諸表 ……………………………………………………… 155

第1節　連結財務諸表の必要性　*155*
第2節　一般原則および一般基準　*156*
　第1項　一般原則　*156*
　第2項　一般基準　*157*
第3節　連結財務諸表の作成　*162*
　第1項　親会社説と経済的単一体説と　*162*
　第2項　連結財務諸表作成の基本的な手続き　*163*
　第3項　連結精算表　*163*
第4節　連結貸借対照表の作成　*164*
　第1項　連結貸借対照表の作成　*164*
　第2項　子会社の資産および負債の評価　*165*
　第3項　投資と資本との相殺消去　*166*
　第4項　子会社株式の追加取得および一部売却　*169*
　第5項　債権と債務との相殺消去　*176*
　第6項　税効果会計　*177*
第5節　連結損益計算書の作成　*178*
　第1項　連結損益計算書の作成　*178*
　第2項　連結会社相互間の取引高の相殺消去　*178*
　第3項　未実現損益の消去　*179*
第6節　持ち分法　*182*
　第1項　持ち分法　*182*
　第2項　持ち分法の適用対象　*182*
　第3項　持ち分法の適用　*184*
第7節　連結株主資本等変動計算書　*186*
第8節　連結キャッシュ・フロウ計算書　*187*

## 第10章　財務諸表分析 ……………………………………………………… 189

第1節　財務諸表分析の基礎　*189*
　第1項　財務諸表分析と経営分析と　*189*
　第2項　財務諸表分析とこれに類似する諸概念と　*190*
　第3項　財務諸表をもちいた分析の限界　*191*

第2節　収益性分析　*193*
　　第1項　収益性への関心　*193*
　　第2項　収益性分析の基本としての資本利益率　*193*
　　第3項　売上高利益率　*197*
　　第4項　資本回転率　*199*
　第3節　安全性分析　*202*
　　第1項　安全性分析の意味　*202*
　　第2項　短期的な安全性にかんする分析　*202*
　　第3項　長期的な安全性にかんする分析　*204*
　　第4項　長期的な安全性と資本構成と　*206*
　第4節　生産性分析　*208*
　　第1項　生産性分析の意味　*208*
　　第2項　附加価値の概念および計算方法　*208*
　　第3項　生産性分析の代表的な指標　*209*
　　第4項　労働分配率と資本分配率と　*211*
　第5節　成長性分析　*212*
　　第1項　成長性分析とプロダクト・ライフ・サイクルと　*212*
　　第2項　プロダクト・ライフ・サイクルの概念　*213*
　　第3項　成長性分析の代表的な指標　*214*
　第6節　損益分岐点分析　*217*
　　第1項　損益分岐点分析　*217*
　　第2項　損益分岐点図表　*221*

## 第*11*章　会計制度　*223*

　第1節　日本の会計制度　*223*
　　第1項　「トライアングル体制」と呼ばれる会計制度　*223*
　　第2項　よりどころとなる企業会計基準　*225*
　　第3項　企業会計基準の設定機関の変遷　*225*
　　第4項　企業会計基準の諸相　*226*
　第2節　会社法と会計と　*228*
　　第1項　かつての商法会計と証券取引法会計との対立　*228*
　　第2項　会社法会計とよりどころとしての企業会計基準と　*229*

第3節　金融商品取引法と会計と　*229*
　　第1項　金融商品取引法の会計規制の基本理念　*229*
　　第2項　金融商品取引法会計とよりどころとしての企業会計基準と　*230*
　　第3項　国際会計基準の国内基準化の進展　*230*
第4節　税法と会計と　*231*
　　第1項　税法会計の特色　*231*
　　第2項　税法会計と企業会計基準との関係および逆基準性の問題　*231*
　　第3項　確定決算主義　*234*
　　第4項　所得の計算　*236*
　　第5項　企業会計の利益と税法の所得と　*237*
　　第6項　企業会計と税法とが異なるばあいおよび税務調整　*237*

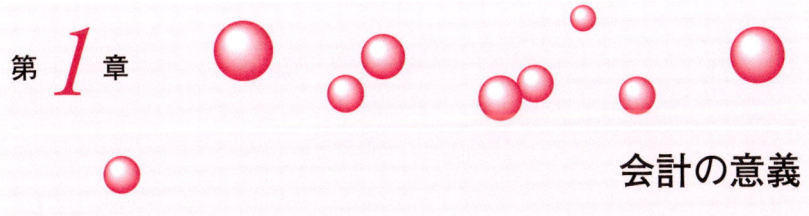

# 第1章 会計の意義

## 第1節　会計の定義

　会計とはなにか，ということについては種々の立場から種々の理解をすることができようが，たとえば「会計は，ラングウィジ・オヴ・ビジネス（事業の言語），である」などともいわれる。いささか恰好つけた言い様という気もしないではないが，確かに会計は，言語（ラングウィジ）という行為，すなわち，なにかを表現してひとに伝える，という行為のひとつである。

　わたしたちはなにかを表現しようとするばあいに言葉というものをもちいるが，会計には会計固有の言葉がある。言葉は，一定のルール（文法）に遵って文字や記号などをつらね，それによってなにかを表現するもの，である。わたしたちは会計固有の言葉をもちいることによって企業の経営活動を表現する。

　言葉は情報の伝達手段である。会計においては企業の経営活動にかんする情報が会計固有の言葉で表現された形でもって伝えられる。この情報のことを一般に「会計情報」◆編者註1という。

　会計固有の言葉にも遵わなければならないルール（文法）がある。会計固有の言葉のルールに遵ってもたらされたもの（文章）は財務諸表というもの

---

編者註1　ただし，編者は「情報」という概念が嫌いである。この事訳については以下をみよ。
　　友岡賛『株式会社とは何か』講談社（現代新書），第2章。

にまとめられる。すなわち，会計情報は財務諸表をつうじて伝えられる。この財務諸表のうち，主要なものには**貸借対照表**というものと**損益計算書**というものとがある。

　会計情報の作成プロセスは**認識**および**測定**という2段階からなっている。会計情報は企業の経営活動を認識し，測定することによって作成される。

　とりあえず以上のことをまとめてみると，まずはつぎのような定義を得ることができる。

**会計とは企業の経営活動を認識し，測定し，もって作成された情報を伝達する行為である。**

　ただし，この定義はこのままではすこぶる抽象度が高く，また，会計の目的ないし機能（役割）などといった類いの事柄には言及していないことに留意しなければならない。すなわち，たとえば，なんのために情報を伝達するのか，あるいは，だれに情報を伝達するのか，といったことはとりあえずはさておかれている。

## 第2節　会計における認識，測定，および伝達

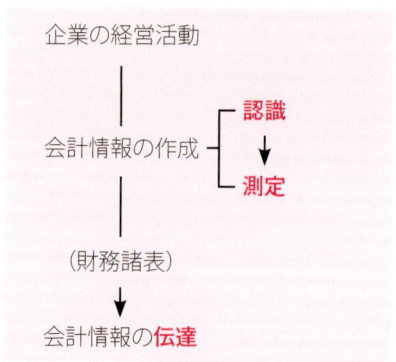

　叙上のように，会計という行為のプロセスは認識，測定，および伝達の3段階からなるものとしてこれをとらえることができる。

　**認識**とは，物事をはっきりと見分けること，であって，これをそのまま前

出の定義に当てはめてみれば，認識の対象は企業の経営活動であるから，企業の経営活動をはっきりと見分けること，となるが，ここにいう認識については，企業の経営活動のなかで会計の対象となるものをはっきりと見分けること，としたほうがより適当である。

すなわち，この認識という段階は企業の経営活動という対象をいわば会計のなかに取り込む段階であって，ここにおいては，会計のなかに取り込まれるものと取り込まれないものとをはっきりと見分ける，という作業がおこなわれる。

この段階にあっては「取引」という概念がもちいられる。ここにいう取引，すなわち会計においていう取引とは，資産，負債，ないし資本の増加ないし減少をもたらす事象，のことである（「資産」，「負債」，「資本」という概念については「第3章」および「第6章」に述べられる）。認識という段階においてはこの「取引」という概念がいわばフィルターの役割を果たすものとしてもちいられる。すなわち，企業の経営活動のなかでこの取引に該当するもの，すなわち資産，負債，ないし資本の増加ないし減少をもたらす事象が会計のなかに取り込まれる。

測定とはまずは，事物に数を割り当てること，であって，これもまた，そのまま前出の定義に当てはめてみれば，測定の対象は企業の経営活動であるから，企業の経営活動に数を割り当てること，となるが，ここにいう測定についてはそのまえの認識の段階において会計のなかに取り込まれたもの，すなわち取引がその対象となる。

ただしまた，測定にはルールがある。すなわち，より正しくいえば，測定とは，一定のルールに遵って事物に数を割り当てること，である。会計には会計固有の測定ルールがある。

伝達とはむろん，伝えること，であって，伝えられるものは会計情報である。この会計情報は会計の測定ルールに遵ってもたらされた数値によって構成される。

ここにおいて重要な問題は，だれに伝えるのか，相手はだれか，という選

択の問題であって，この問題は，**会計の目的**をどこにおくか，に直結する。

ただしまた，この，伝える相手はだれか，の問題は大別してふたとおりの意味合いをこの，伝達，にあたえる。この伝達はひとつには，**報　告**（リポーティング），という意味合いをもってとらえられ，いまひとつには，**開　示**（ディスクロウジャー），という意味合いをもってとらえられる。そして，伝達＝報告，といった理解のばあいにそれは，ある特定のだれかに告げ知らせる，といった意味をもち，また，伝達＝開示，といった理解のばあいにそれは，広く一般に知れわたらせる，といった意味をもつこととなる。◆編者註2

## 第3節　会計の目的

　会計の目的ないし機能（役割）はなにか，会計の目的をどこにおくか，ということはこれを考慮することによってこそ，「第1節」に（とりあえず）しめされたような会計の定義にいわば実質的な内容が附与される。

　この，会計の目的ないし機能はなにか，ということについても種々の立場から種々の理解をすることができようが，一般にはつぎのふたつが挙げられる。

　ひとつは**利害の調整**であって，これは，まずもっては企業の経営活動の成果の分配をおこなうべく，出資者（たとえば株式会社においていえば株主。以下，株式会社形体の企業を前提しておもに「株主」の語をもちいる）を首めとする企業の種々の利害関係者のあいだの持ち分関係を調整すること，である（「持ち分」という概念については，さしあたり，各人が権利を有する部分，といった意味でとらえておけばよい）。会計は，たとえば企業の利益の算定などをつうじて，こうした調整をおこなう（「利益」という概念については「第3章」お

---

> **編者註2**　ただし，編者は「開示」という概念も嫌いである。この事訳についても以下をみよ。
> 　友岡『株式会社とは何か』第2章。

およ「第7章」に述べられる）。

いまひとつは**意思決定の支援**である。ここにいう意思決定とは企業の種々の利害関係者による種々の意思決定，たとえば投資者による投資意思決定，経営者による経営意思決定などのことであって，会計は，そうした意思決定のよりどころとなる情報を提供することをもって，そうした意思決定を援ける。

いずれにしても，ここにおいては，企業の種々の利害関係者，のうち，会計はどこまでを考慮に入れるべきか，という選択の問題がきわめて重要な問題となるが，そうした問題をとりあえずさておけば，ここには，企業の多様な利害関係者の存在，がまずは（選択肢として）前提されているのであって，また，具体的には株主，経営者，債権者，投資者，従業員，消費者，行政府当局などの存在を挙げることができる。

## 第4節　企業の利害関係者◆編者註3

叙上のような利害関係者はそれぞれが企業にたいして独自の利害関係をもち，また，企業の経営活動にたいしてそれぞれの立場なりの関心を抱いている。

**株主**にとって企業は現在の投資対象であって，その関心は出資による持ち分（出資によって権利を有する部分）にかかわる報酬（配当）の額およびその適正性，ならびに自己の持ち分の保全状態にある。

> **編者註3**　なお，この，利害関係者，はこれを「ステイクホルダー」と（恰好つけて（？））呼ぶのが近頃の流行（はやり）のようである（ちなみに，この「ステイク（stake）」という語には，出資金，出資金による権益，利害関係，関係，などといった意味がある）が，編者はこの手の，片仮名言葉，の多用も嫌いである（嫌いなことだらけ，のようだが）。このことについても以下をみよ。
> 　友岡『株式会社とは何か』第2章。

（株主はその企業の株を買ってもっている。ということは，その企業に資金を提供している，ということである。そこで株主にとっては，資金を提供した見返りとしてどれだけの配当がもらえるか，ちゃんとした額の配当がもらえるか，そしてまた，自分の株の価値が下がってしまったりしないかどうか，などといったことが問題となる。ということである。）

**経営者**は企業の経営活動の責任者であって，その関心は最終的には自己の責任に帰されることとなる経営成績，そしてまた，自己の得る報酬に直結する経営成績，その向上にある。

（経営者はその企業の事業を営んでいる。事業をちゃんとやる，ちゃんともうけを出すという責任がある。ちゃんとやらなければ馘になる（はずである）し，もうけが増えれば自分の報酬も増える。そこで経営者にとっては，自分の経営が旨くいっているかどうか，どうしたらもっと旨くゆくか，などといったことが問題となる。ということである。）

**債権者**にとって企業は融資対象であって，その関心は貸し付けた資金の回収の確実性，あるいは将来における資金の融通の是非ないし金額の決定にある。

（債権者（たとえば銀行など）はその企業に金を貸している。そこで債権者にとっては，貸した金がちゃんと返ってくるかどうか，ということが問題になる。さらにまた，（これから金を貸そうか，というばあいにはまだ債権者ではないが）これからその企業に金を貸そうかどうしようか，いくらくらいなら貸しても大丈夫そうか，などといったことが問題となる。ということである。）

**投資者**，すなわち潜在的な株主にとって企業は将来の投資対象であって，その関心はその企業の将来における収益性，あるいはほかの企業と比較したばあいにおけるその企業の将来性にある。

（投資者は，これからその企業の株主になろうかどうしようか，つまり，その企業の株を買おうかどうしようか，をかんがえている。そこで投資者にとっては，その企業に資金を提供するのとほかの企業に資金を提供するのとではどちらが得か，それとも，ほかのもの，たとえば不動産などを買っておいたほうが得か，な

どといったことが問題となる。ということである。）

　**従業員**にとって企業は自己の労働にたいする報酬を得ることによって生計を立てるための基盤であって，その関心は報酬の額，ならびに企業の負担能力および自己の労働にかんがみたその適正性にある。

　（従業員はその企業で働いている。給料をもらって生活している。給料は多いにこしたことはないが，働いた見返りとしての給料である。そこで従業員にとっては，自分の働きに見合った給料がもらえているかどうか，安く扱きつかわれていないかどうか，（よく耳にする言い様だが）「会社だけがもうけている」といったことになっていないかどうか，などといったことが問題となる。ということである。）

　**消費者**にとって企業は生活に要する財および用役の供給源であって，その関心は財および用役の安定的かつ継続的な供給の維持，ならびに価格の適正性にある。

　（消費者は企業からいろいろなものを買っている。そこで消費者にとっては，いつでもちゃんとしたものが手に入るかどうか，相応しい値段で手に入るかどうか，などといったことが問題となる。ということである。）

　**行政府当局**にとって企業は国家ないし地方財政に不可欠の財源であって，その関心はその企業の課税所得の算定ないし担税能力の適正な判定にある。

　（行政府当局は企業から（個人からも，だが）税金をとって，その金でもって国や地方自治体を運営している。そこで行政府当局にとっては，その企業からどれだけ税金がとれるか，ということが問題となる。ということである。）

　以上のほかにも，たとえば取引先であるとか，あるいは地域住民であるとかいったように，まだまだ多様な利害関係者を（とりあえずは）挙げることができる。

　ただしまた，しかしながら，たといこれらを企業の利害関係者として認めるとしても，そのことと，これらをいわば同格の存在として認める（「第2章」に述べられる企業主体論および企業体論のように）こととはむろん，およそ別の問題である。　◆編者註4

**編者註4**　ちなみに，編者の立場からすれば，株主および経営者は，関係者，などといった存在ではなく，いわば，当事者，であって，また，その他の利害関係者のうち，債権者のみは別格，いわば，直接的な利害関係者，として理解される。このことについては以下をみよ。
　　友岡『株式会社とは何か』第6章。

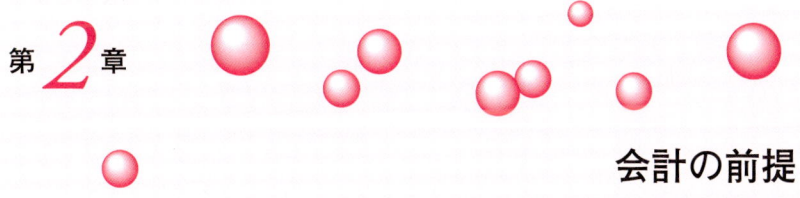

# 第2章 会計の前提

## 第1節 会計公準

**公準**というものは，むずかしくいえば，自明ではなく，また，証明不可能であるが，ある理論体系を演繹展開するための基礎として承認されている，あるいは承認を必要とする根本命題，などとして説明されようが，簡単にいってしまえば，基本的な前提のことである。したがって，**会計の基本的な前提**のことを「会計公準」という。

会計の基本的な前提にはどのようなものがあるか，ということについては種々（くさぐさ）の立場から種々の理解をすることができようが，今日一般に会計公準とされているものにはつぎのみっつがある。

### ● 企業実体の公準

企業実体の公準は，会計においては企業というものをその所有者とは切り離してかんがえる，というものである（企業の所有者はだれか，企業はだれのものか，という問題は「第2節」にあつかわれる）。

この公準は企業をひとつの実体としてとらえる。すなわち，所有者とは切り離されたもの，としての企業そのものの存在が前提される。そして，このように所有者とは別箇の存在としての企業そのものの存在を前提する会計にあってはしたがって，たとえば財務諸表に記載される財産は企業そのものの財産のみであって，所有者の個人的な財産などは記載されないこととなる。

このような企業実体の公準はいわば，会計の**範囲を限定する**前提，としてとらえられよう。

## 🔴 貨幣的な測定の公準

　貨幣的な測定の公準は、会計における測定は貨幣数値をもっておこなわれる、というものである。すなわち、(「第1章」は会計を、企業の経営活動を表現してひとに伝える行為、としたが) 会計の表現手段としては貨幣数値がもちいられる、とするものである。

　会計においては (測定、というからには) 数的な表現がおこなわれるが、ものにはそれぞれ固有の表現方法 (数え方) があるため、統一的な尺度として貨幣数値がもちいられる。すなわち、この前提が設けられている事訳は、企業の財産には種々(しゅじゅ)のものがあって、それらを統一的に表現することのできる共通尺度が貨幣数値、ということである。貨幣数値をもちいることによって企業の多様な財産について加算、減算などをすることができることとなる。

　(「第1章」は、会計には会計固有の言葉がある、としたが) このような貨幣的な測定の公準はいわば、会計における言葉の語彙(ヴォキャビュラリィ)を限定する前提、としてとらえられようし、また、この前提において会計情報は下図のようにとらえられることとなる (なお、「会計(情報)の拡大」などと称して、非貨幣数値情報、さらには非数量情報をも会計情報にふくめようとする主張もみられるが、これは「会計」という概念自体を無用とする謬見である)。

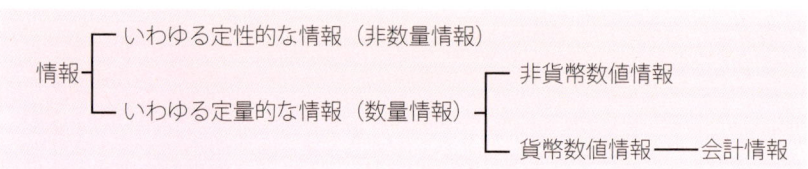

## 🔴 継続企業の公準

　継続企業の公準は、会計においては継続的な存在としての企業を念頭におく、というものである。また、「会計期間の公準」とも呼ばれ、会計は期間ごとにおこなわれる、というものでもある。

　ここにいう継続企業(ゴウイング・コンサーン)とは、逐語的にいえば、継続的な企業、継続性を

もった企業，のことであるが，いま少し具体的にいえば，終了というものが予定されていない企業，のことである。終了がない企業，という言い様は適当しない。実際に終了があるかどうかは不明ながら，たとえば，〇〇年3月末日まで，であるとか，この事業プロジェクトが完了するまで，であるとかいったように予定されているわけではない，ということである。

　今日の会計はこうした継続企業を前提しておこなわれている。別言すれば，今日の会計は企業の終了を予定していない。もしもそうでなければ，（予定されている）終了を待って，企業のいわば全生涯について会計をおこなう（たとえば全生涯における経営活動の成果，全生涯における利益を把捉する）ということができるが，終了が予定されていなければ，（予定されていない）終了を待つことはできず，したがって，企業の経営活動の流れを時間的に区切ること，すなわち期間を定めることが必要となる。期間を定め，期間について会計をおこなう（たとえば期間における経営活動の成果，期間における利益を把捉する）ということである。この期間のことを「会計期間」といい，したがって，この公準は「会計期間の公準」とも呼ばれるのである。

　このような継続企業の公準はいわば，会計を時間的に限定する前提，としてとらえられよう。

## 補　節　会計の歴史　◆編者註5

「第1節」にはみっつの公準が説明されたが，これらのうち，継続企業の

> **編者註5**　出し抜けに，歴史，に言及されるのは，編者が会計史を専門としているから，である。
> 　　会計の歴史の詳細は以下をみよ。
> 　　友岡賛『歴史にふれる会計学』有斐閣。
> 　　友岡賛『会計の時代だ──会計と会計士との歴史──』筑摩書房（ちくま新書）。

公準，すなわち会計期間の公準は，これこそが近代会計の直接的な前提，などともいわれる。期間を定め，期間について会計をおこなう，ということはけだし，これが近代会計，すなわち今日の会計の最大の特徴としてとらえられるのである。

　前節は「今日の会計はこうした継続企業を前提しておこなわれている。別言すれば，今日の会計は企業の終了を予定していない」と述べたが，これは，かつての会計はそうではなかった，ということを意味している。

　今日の企業は一般に継続企業としておこなわれているが，かつての企業はそうではなかった。すなわち，終了が予定されていた。そうした企業は「当座企業」と呼ばれる。この，当座，は，その場かぎりの，という意味であって，したがって，その場かぎりの企業，ということである（そうした，当座企業，にあっては，終了を待って，全生涯における利益を把捉するということができた）。そうした当座企業から継続企業への移行は会計の歴史において劃期的なできごと，すなわち期間利益計算の成立をもたらす（この，期間利益計算，については「第3章」および「第5章」に述べられる）。

　また，近代会計，すなわち今日の会計の大きな特徴としてはいまひとつ，発生主義，というものを挙げることができる（ただし，これは，最大の特徴，ではない。叙上のような，期間についておこなう，ということがあってこそ，この発生主義はある）。この発生主義は，現金主義，というものと対比されるものであって，現金主義から発生主義への移行（発生主義の成立）はこれも会計の歴史において（期間利益計算の成立につぐ）劃期的なできごととしてとらえられ（この，発生主義，現金主義，については「第5章」に述べられる），この移行はこれをまずは，いわゆる信用経済の発達および，固定資産，というものの増加（ないし「固定資産」という概念の出現），がもたらす（「固定資産」という概念については「第6章」に述べられる）。

　（継続企業，が，期間，をもたらし，期間（利益計算），が，発生主義，をもたらし）近代会計は，期間利益計算，と，発生主義，とをもって規定される。

会計の歴史において劃期的なできごとにはどのようなものがあるか，とい

うことについては種々の立場から種々の理解をすることができようが，けだし，まずはつぎのみっつを挙げるべきであろう。

● **複式簿記の成立** ◆編者註6

複式簿記の成立はこれを14世紀ないし15世紀頃のイタリアにみることができる。

● **期間利益計算の成立**

期間利益計算の成立はこれを16世紀ないし17世紀頃のネーデルラントにみることができる。

● **発生主義の成立**

発生主義の成立はこれを18世紀ないし19世紀頃のイギリスにみることができる。

## 第2節　会計主体

### 第1項　会計主体の問題の意義

会計の対象は企業の経営活動である。したがって，企業というものをどうみるか，という問題，すなわちいわゆる企業観の問題はこれも，会計の前提，の問題である。

この企業観の問題はたとえば経営学など，種々の学問領域において論われるが，これを会計学においてあつかうばあい，これを論うことを「会計主体論」といい，また，この会計主体論は，会計という行為においてなされる判断（どのように認識，測定，伝達するか）の最終的なよりどころ，について云々すること，としてとらえられる。

ただし，この，会計主体，はこれを逐語的に解すれば，会計をおこなう者，

> 編者註6　簿記とはなにか，複式簿記とはなにか，については以下をみよ。
> 　　　友岡『歴史にふれる会計学』第1章および第2章。
> 　　　友岡『会計の時代だ——会計と会計士との歴史——』第1章および第2章。

とされようが，ここに云々されるのは，会計はだれによっておこなわれるのか，ということではなくして，**会計はどのような（だれの）観点からおこなわれるのか**，ということである。

そしてまた，この，会計はどのような（だれの）観点からおこなわれるのか，は，**会計の目的をどうみるか**，という，会計の目的観，の問題に直結する。もっとも，会計の目的，についてはすでに「第1章」が，利害の調整，および，意思決定の支援，という2目的を挙げているが，ここにおける，会計の目的をどうみるか，は，この2目的に前提されていた企業の多様な利害関係者の存在，をどうみるか，という問題，すなわち，株主を首めとする種々の利害関係者をどのように位置づけるか，という問題である。

敷衍すれば，会計主体の問題は，会計をおこなうさいのさまざまの判断，その最終的なよりどころをなににもとめるか，ということであるが，この問題は結局のところ，企業というものをどうみるか，という企業観の問題に帰着する。すなわち，会計上の判断は，会計がその経営活動を対象とする企業，これをどのようなものとしてとらえるか，によって最終的には規定される，ということであって，また，会計上の判断は会計の目的観に規定され，結局のところ，企業観，が，会計の目的観，をもたらし，会計の目的観，があって，会計上の判断，がある，という筋合いにある。

また，ここにおいていわば出発点に位置する企業観の問題はまずは，**企業はだれのものか**（ないし**企業はだれかのものか**），の問題としてあつかわれ，したがって，企業の多様な利害関係者の存在，をどうみるか，株主を首めとする種々の利害関係者をどのように位置づけるか，という問題に直結する。

一方，ここにあっては「第1節」に述べられた企業実体の公準，すなわち企業をひとつの実体としてとらえるという前提がまずは承認されていなければならない。すなわち，所有者とは切り離されたもの，としての企業そのものの存在，所有者とは別箇の存在としての企業そのものの存在がまずは認められていなければならない。そして，企業をひとつの実体としてとらえるということが前提されたうえでもって，そのようにとらえられた企業をどのよ

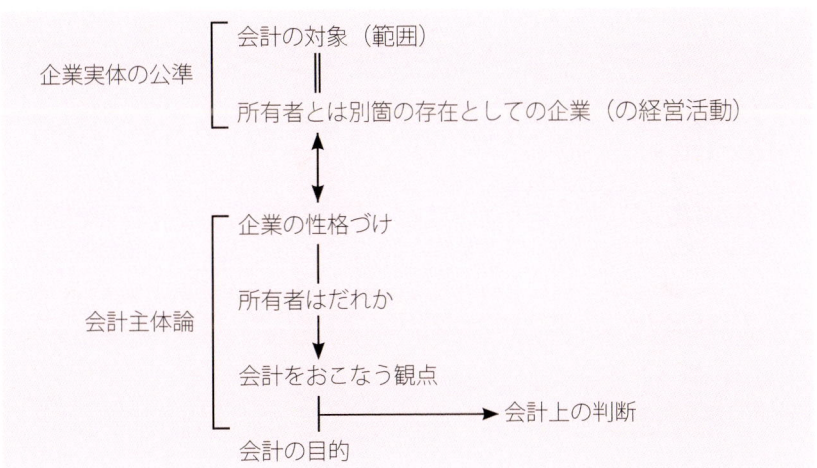

うに性格づけるか，の論こそが会計主体論である。また，ここにおける性格づけ方が企業実体の公準のいわば意味内容を決める，ともいえよう。

### 第2項　会計主体論

　如上の問題においては種々の立場から種々の論が主張されてきているが，代表的なものにはつぎのよっつがある。

🔴 **資本主論**

　資本主とは企業の出資者，株式会社においていえば株主のことであって，資本主論は会計をおこなうさいのさまざまの判断，その最終的なよりどころをこの**資本主の観点**にもとめようとするものである。

　このような論における企業観は，資本主の所有物としての企業，すなわち，**企業は資本主のもの**，というそれである（ただし，後出の企業体論との対比においては，企業は資本主の・・のもの，としたほうが適当である）。したがって，たとえば，企業の財産は資本主の財産，企業の借金は資本主の借金，といったようにとらえられ，企業の利益はそのままただちに，＝資本主の利益，としてとらえられる。

## 🔴 代理人論

　代理人論はこれも，**企業は資本主のもの**（ただし，これも後出の企業体論との対比においては，企業は資本主のみのもの）とし，したがって，資本主論の1種ないし系譜に属するものとしてとらえられる。

　敷衍すれば，企業は資本主のもの，とするこの論はそのうえ，今日もっとも一般的な企業形体であって，また，近代的な企業形体，としてとらえることのできる株式会社というものの特徴に意を払い，株式会社という近代的な企業形体，その近代性の根幹に着目するという意味において，いわば近代的な資本主論としてとらえることができる。

　株式会社の近代性の根幹とは，いわゆる資本と経営との分離，すなわち資本主と経営者とが同一の者ではないということであって，この特徴に着目する代理人論は経営者を，資本主の代理人，としてとらえる（代理人とは，本人に代わってことをおこなう者，のことである）。　◆編者註7

　すなわち，あくまでも企業（株式会社）は資本主（株主）のものながら，資本主本人がこれを経営しているわけではないということである。資本主本人（企業の所有者本人）とは別に，本人に代わって経営をおこなう者，すなわち資本主の代理人としての経営者が存するということである。

　また，ここにいう，経営，はこれを，財産の管理行為，と換言することができ（管理行為は保存行為と運用行為とからなる），この言い様をもって敷衍すれば，資本主は自己の所有する財産の管理を（みずからおこなわずに）経営者に委託し，これを受託した経営者は財産の所有者本人に代わって財産の管理をおこなう。代理人論はこうした委託，受託の関係，本人と代理人との関係にとりわけ着目し，代理人たる経営者のおこなうものとして会計という行

---

**編者註7**　ただし，資本と経営との分離は株式会社という形体においてのみみられるものではなく，また，株式会社という形体においてであればかならずみられるものでもない。このことについては以下をみよ。
　　友岡賛『株式会社とは何か』講談社（現代新書），第1章および第4章。

為をとらえようとするのである。

　ちなみに，なお，このばあいにも，資本主の代理人たる経営者は資本主の意のままに行動する（もっぱら資本主のために行動する），というかなりいわば非現実的な捉え方と，経営者は資本主の代理人ではあっても，結局は自己のために行動する，という捉え方とがありうる。

### 🔴 企業主体論

　企業主体論は会計をおこなうさいのさまざまの判断，その最終的なよりどころを**企業それ自体の観点**にもとめようとするものである。

　この論における企業観は企業それ自体の独自性を強調するものであって，すなわち，企業を資本主の所有物とはとらえない。そうした意味において，前出の資本主論および代理人論とは対照的なものとして位置づけられる。

　**企業は資本主のものではない**，とするこの論はのみならずまた，**企業はだれのものでもない**，あるいは（あえていえば），**企業は企業それ自体のもの**，とする。

　企業はそれ自体，独立の存在であって，したがって，たとえば，企業の財産はあくまでも企業の財産，企業の借金はあくまでも企業の借金，といったようにとらえられる。企業の利益はあくまでも企業それ自体の利益であって，そのままただちに，＝資本主の利益，とはならない。ここにおける資本主は企業の所有者といういわば特別の存在ではなく，その他の利害関係者，とくに債権者とは同格の存在としてみなされる。すなわち，資本主から提供された資金と債権者（たとえば銀行など）から融通された資金とが同様の性格のものとしてとらえられるのである。

### 🔴 企業体論

　企業体論（エンタープライズ・エンティティ）は如上の企業主体論と同様，前出の資本主論および代理人論とは対照的なものとして位置づけられる。

　ただし，この論における企業観は，企業は資本主のものではない，といったそれではなくして，**企業は資本主のみのものではない**，といったそれである。

したがってまた，既述のように，資本主論および代理人論の企業観はこの企業体論のそれとの対比においては，企業は資本主のみのもの，と言い換えたほうが適当ということとなる。

　別言すれば，**企業は種々の利害関係者のもの**，という企業観をもつ企業体論は会計をおこなうさいのさまざまの判断，その最終的なよりどころを**企業の種々の利害関係者の観点**にもとめようとするものである。

　すなわち，ここにおける企業観は企業のいわゆる社会性を重視するそれであって，資本主，経営者，債権者，従業員等々を同列に企業への参加者としてとらえるものである。したがって，ここにおいては，たとえば，企業の利益は種々の利害関係者のもの，といったようにとらえられる。

　いってみれば，企業それ自体の独自性を強調する前出の企業主体論が（資本主をもふくむ）もろもろの利害関係者を，企業の外側，に位置づけているのにたいし，この企業体論は（資本主のみではない）種々の利害関係者を，企業の内側，に位置づけているのである。

　以上をまとめてみれば，つぎのようになる。

- 資本主論および代理人論
    企業は資本主のものである。
    企業は資本主のみのものである。
- 企業主体論
    企業は資本主のものではない。
    企業は資本主のものではなく，また，だれのものでもない。
    （あえていえば）企業は企業それ自体のものである。
- 企業体論
    企業は資本主のみのものではない。
    企業は資本主のみのものではなく，種々の利害関係者のものである。

　いま一度いえば，企業体論および企業主体論における企業観は，企業は資本主（ないし資本主のみ）のものではない，というそれであって，企業は資本主（のみ）のものである，とする資本主論および代理人論におけるそれと

は明確に対峙するものである。すなわち，ここにおける異同は，**資本主を特別視するかどうか**，という点である。また，資本主論および代理人論においては，企業の利益は資本主の利益，企業主体論においては，企業の利益は企業それ自体の利益，企業体論においては，企業の利益は種々の利害関係者の利益，としてとらえられる。

　ちなみに，以上をもって（いささか具体的に）たとえば株主に支払われる配当，経営者に支払われる報酬，銀行などに支払われる利息，従業員に支払われる給与などといったものの捉え方についてかんがえてみれば，つぎのようになる。

- 資本主論および代理人論

　　株主への配当のみが利益の分配としてとらえられる。

　　その他はすべて費用としてとらえられる（「費用」という概念については「第3章」および「第5章」に述べられる）。

- 企業主体論

　　利益の分配としてとらえられるものはひとつもない。

　　すべてが費用としてとらえられる。

- 企業体論

　　すべてが利益の分配としてとらえられる。　◆編者註8

　また，いまひとつ（いささか具体的に）たとえば，資本，というものの捉え方についてかんがえてみれば，資本主論および代理人論のばあい，すなわち資本主の観点をよりどころとするばあいにあっては，資本主によって提供された資金のみが資本，ととらえられる一方，企業それ自体の観点をよりど

---

**編者註8**　数値例。
　　売上100
　　売上原価50
　　給料15，支払利息5，役員報酬10，配当20
　　（各項目については後続の諸章に述べられる。）

ころとする企業主体論のばあいにあっては，(前述のように，資本主から提供された資金と債権者から融通された資金とが同様の性格のものとしてとらえられ，すなわち)資本主によって提供された資金と債権者によって融通された資金とはともに資本，ととらえられ，したがって，前述のように，資本主は債権者と同格の存在としてみなされることとなる(このように「資本」という概念には広狭，種々の意味がある(「第3章」および「第6章」をみよ))。

なお，これらのほかにも，この会計主体の問題においてはたとえば資金論，コマンダー論，残余持ち分論などといった論が挙げられる(が，本書は割愛する。ただし，これらのうち，資金論は(本章に述べられた資本主論，代理人論，企業主体論，および企業体論とともに)代表的な論のひとつとして紹介されることが少なくないが，これを会計主体論の範疇に入れるのは謬りである)。

いずれにしても，会計がその経営活動を対象とする企業，これをどのようなものとしてとらえるか，という企業観の問題は，会計の目的観，の問題へとつながり，また，このことはたとえばさまざまのいわゆる会計制度にも具現している。

> 以上のようなケイスにおいては以下のようになる。
>   資本主論の企業観を採用したばあい　利益20
>   企業主体論の企業観を採用したばあい　利益0
>   企業体論の企業観を採用したばあい　利益50
> 要するに，(これも後続の諸章に述べられるような)費用と利益との，収益－費用＝利益，という関係において，各項目をこの，＝，のどちら側に位置づけるか，ということである。

# 第3章 会計の基礎概念

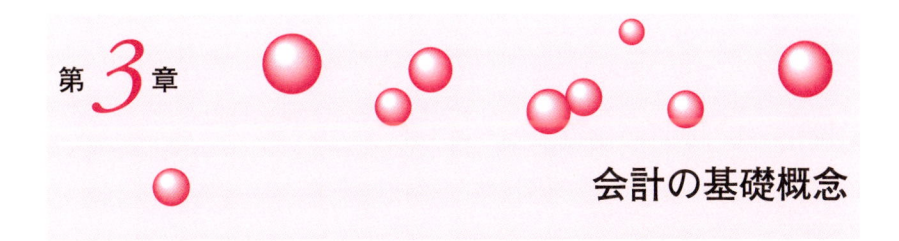

## 第1節　取引の記録

「第1章」に述べられたように，会計には会計固有の言葉がある。この会計固有の言葉は企業の経営活動を表現するさいにもちいるものである。たとえば主要な財務表たる貸借対照表および損益計算書を構成するもっとも基礎的な概念に「資産」，「負債」，「資本」，「収益」，および「費用」のいつつがあるが，これらは会計固有の概念であって，こうしたものが会計固有の言葉を構成する。そして，会計においては企業の経営活動にかんする情報がこのような会計固有の言葉によって表現された形でもって利害関係者に伝達される。

このように企業の経営活動を対象とする会計という行為はしかし，企業のすべての経営活動にたいしておこなわれるわけではない。企業の経営活動のなかで資産，負債，ないし資本の増減をもたらす事象が会計の対象となる。つまり，会計においては企業の経営活動が**資産，負債，ないし資本の増減**としてとらえられるのである。

こうした資産，負債，ないし資本の増減をもたらす事象を「**取引**」というが，この会計における「取引」という概念と通常的な「取引」という概念とには異同がある。たとえば，買い物をした，という事象は通常的にいう取引に該当し，買い物にゆく途中で財布を落とした，という事象は通常的にいう取引には該当しないが，他方，このふたつの事象はいずれも会計においていう取引には該当する。また，部屋を借りる契約をした，という事象は通常的

にいう取引には該当するかもしれないが，他方，この契約の時点では資産，負債，ないし資本の増減がもたらされていないため，会計においていう取引には該当しない。このように，会計における取引は商品売買などのような事象，すなわちわたしたちが通常，念頭においているような取引に限定されることなく，また，その事象によって資産，負債，ないし資本の増減がもたらされているかどうか，によって，これに該当するかどうか，が決まるのである。

　こうして取引に該当するものとして会計の対象となったもの（会計のなかに取り込まれることになったもの）はこれが複式簿記という記録システムによって記録され（この記録方法を「仕訳」という），この記録にはじまる複式簿記システムのもと，財務諸表が作成されることになる。◆編者註10

---

**編者註9**　このような，契約，のケースについて一般のテキストはそのほとんどが「店舗の賃借契約を結んだり，商品買付契約を結んだりすることは，日常用語としては取引である」（會田義雄，會田一雄『簿記テキスト』国元書房，p.16），「土地や建物を借りる契約をしたときは，一般には取引とよんでいる」（加古宜士，渡部裕亘（編著）『新検定簿記講義［3級／商業簿記］』中央経済社，p.10）などと述べているし，また，実は本章も当初の原稿はそのように述べていた。しかしながら，編者とすれば，このようなケースにおいて本当に「取引」などというかどうかは疑問であるため，編者によって「該当するかもしれない」と書き改められた。

**編者註10**　ただし，簿記ないし複式簿記のそもそもの目的は財務諸表の作成ではない（別言すれば，簿記ないし複式簿記のそもそもの目的は会計ではない）。このことについては以下をみよ。
　友岡賛『歴史にふれる会計学』有斐閣，第1章および第2章。
　友岡賛『会計の時代だ――会計と会計士との歴史――』筑摩書房（ちくま新書），第1章。

銀行から金(かね)を借りた，という例をもちいてこの取引というものについてかんがえてみよう（金を借りた，ということが取引に該当するということは理解できるであろう。金を借りたことによって，金が増える。つまり，金という資産が増加する）。複式簿記は取引を2面的に把握し，記録するが，これには，そもそも取引にはふたつの面がある，ということ（これを「**取引の2面性**」という）が前提されている。この取引には，金が増加した，という面と，借金が増加した，という面とがある。この取引の仕訳による記録はつぎのようにおこなわれる。

　　　　（借方）現金　　×××／（貸方）借入金　×××

このように会計においては取引の2面を左側と右側とに分けてとらえ，左側のことを「**借方**(かりかた)」と呼び，右側のことを「**貸方**(かしかた)」と呼ぶ（なお，×××，は金額）。取引はかならずこの借方と貸方との2面で記録される。

また，会計においては金を「現金」という項目名でしめし，借金を「借入金」という項目名でしめす。こうした項目を「勘定科目」というが，ここにおけるたとえば「現金」という概念も会計固有の概念であって，会計における「現金」という概念と通常的な「現金」という概念とには異同がある。通常的にいう現金は金だけがこれに該当するが，会計においていう現金はその範囲がいま少し広く，小切手（当座小切手や送金小切手など）や郵便為替証書などもこれにふくまれる。

前述のように，会計においては取引の2面を左側と右側と，すなわち借方と貸方とでとらえるが，なにを借方に記録し，なにを貸方に記録するのか，は貸借対照表および損益計算書の仕組みをみることによって知ることができる。

**貸借対照表の仕組み**

| (借方) | 貸借対照表 | (貸方) |
|---|---|---|
| 資産 | | 負債 |
| | | 資本（純資産） |

　このように貸借対照表にも借方と貸方とがあって，資産は借方，負債および資本は貸方に記載される。そして，たとえば現金は貸借対照表の資産の部，借入金は貸借対照表の負債の部にふくまれる。したがって，前述の取引のばあい，金を借りたことによって金という資産が増加したことから，その勘定科目たる現金は借方に記録され，また，借金という負債が増加したことから，その勘定科目たる借入金は貸方に記録されるのである。

　　　（借方）現金　×××／（貸方）借入金　×××

　では資産とはなにか，負債とはなにか，はさておくとして，ここでは，貸借対照表において借方に記載される資産の部にふくまれるものが増加したばあいには借方に記録され，貸借対照表において貸方に記載される負債の部（ないし資本（純資産）の部）にふくまれるものが増加したばあいには貸方に記録される，ということをまずは知っておきたい。

　以上は，増加，のばあいであったが，つぎに，減少，のばあいをかんがえてみよう。借りた金を返したばあい，仕訳による記録はつぎのようにおこなわれる。

　　　（借方）借入金　×××／（貸方）現金　×××

　複式簿記においては，金を返したことによって金が出ていって減少したとしても，金を借りたときに現金を記録していた借方に「−×××」と記録

することはなく，減少，は反対側（このばあいは貸方）に記録する。現金という資産は借方に記録されるべき項目であって，その増加は借方に記録され，他方，その減少は貸方に記録するのである。

　以上のことを，現金勘定，というものの仕組みをみることによって確認しておこう。現金勘定は，さまざまな取引において現金にかかわる記録をまとめたもの，である（取引は仕訳によって記録されたのち，転記，という作業によって各勘定にまとめられる）。

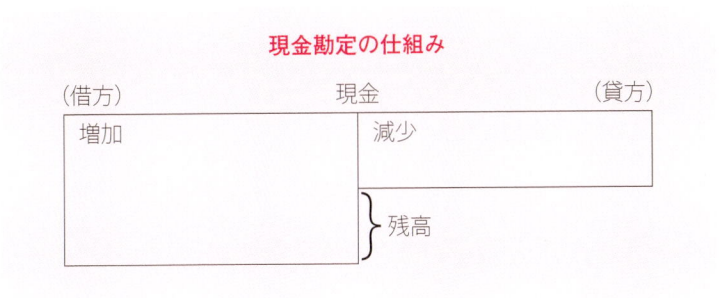

**現金勘定の仕組み**

| (借方) | 現金 | (貸方) |
|---|---|---|
| 増加 | 減少 | |
| | 残高 | |

　現金勘定にも借方と貸方とがある。金を借りたことによって現金という資産が増加した，ということは仕訳で借方に記録されたが，現金勘定でも借方に記載される。また，金を返したことによって現金が減少した，ということは，借方から減らすのではなくして，仕訳では貸方に記録し，現金勘定でも貸方に記載するのである。

## 第2節　財務諸表

　「第1節」に述べられたように，会計においていう取引に該当するものとして会計のなかに取り込まれることになったものはこれが複式簿記という記録システムによって記録され，この記録にはじまる複式簿記システムのもと，財務諸表が作成されることになるが，こうした財務諸表の作成プロセスは次頁の図のようになっている。

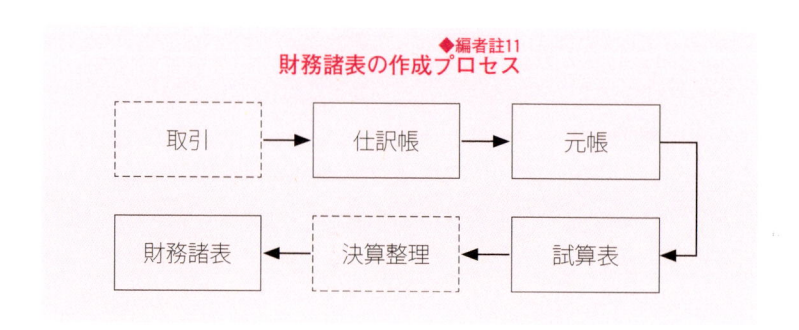

**財務諸表の作成プロセス** ◆編者註11

取引 → 仕訳帳 → 元帳 → 試算表 → 決算整理 → 財務諸表

　このようにして作成される財務諸表は，既述のように，企業の経営活動を会計固有の言葉をもちいて表現したもの，がこれにまとめられている。別言すれば，この財務諸表はこれをつうじて会計情報が利害関係者に伝達される。

　このような財務諸表はむろん，複数の財務表によって構成されている。その主要なものとしては，既述のように，貸借対照表と損益計算書とがある（主要な財務表として，キャッシュ・フロー計算書，が挙げられることもある。キャッシュ・フロー計算書については「第8章」に述べられる）。

---

**編者註11**　これを「簿記のプロセス」ないし「複式簿記のプロセス」などと呼ぶ向きが少なくないが，**編者註10**に述べられたように，簿記ないし複式簿記のそもそもの目的は会計ではなく，したがってまた，財務諸表の作成でもなく，これはあくまでも「財務諸表の作成プロセス」，あるいは「財務諸表の作成にもちいられるばあいの簿記のプロセス」ないし「財務諸表の作成にもちいられるばあいの複式簿記のプロセス」，あるいは「会計にもちいられるばあいの簿記のプロセス」ないし「会計にもちいられるばあいの複式簿記のプロセス」などと呼ぶべきである。

## 第3節　貸借対照表と損益計算書と

### 第1項　貸借対照表

　貸借対照表には，**ある一定時点における企業の財政状態**，がしめされている（この一定時点は通常，期末の時点（会計期間の終了時点）である）。この財政状態は，まえにしめされた図「貸借対照表の仕組み」に看取しうるように，**資産＝負債＋資本（純資産）**，という関係（この式を「**貸借対照表等式**」という）でとらえられ，貸方は，経営活動のための資金をどのようにして調達したのか，という**資金の調達情況**をしめし，借方は，調達した資金はいまどのようになっているのか，という**資金の運用情況**をしめしている。

　資産には現金，商品，建物，土地などがある。こうしたものについては通常的にいう資産（ないし財産）とほぼ同様ではあるが，異同もある。通常的にいう資産はけだし，換金価値のあるものだけがこれに該当するが，会計においていう資産は換金価値のない，**繰延資産**，といったものもこれにふくまれ，こうしたことは，「第2章」に述べられたように，（今日の）会計はこれが継続企業を前提として期間利益計算をおこなっていることによる（この，繰延資産，については「第6章」に述べられる）。　◆編者註12

> **編者註12**　静態論と動態論とについて。
>
> 　会計の基本的な考え方は，静態論，というものと，動態論，というものとに大別され，また，歴史的には，静態論から動態論へ，と移行をみてきたとされている。
>
> 　静態論は，債権者保護（借りた金をちゃんと返せるか。債権者の側からいえば，貸した金がちゃんと返ってくるか），を重視し，したがって，債務の弁済（借金の返済）にもちいることのできるものがどれだけあるか，を重視し，すなわち，換金価値のあるもののみ，を資産とかんがえる。
>
> 　敷衍すれば，このばあいの貸借対照表は，換金価値のあるものがどれだけあるか，すなわち，債務弁済能力，をしめすもの，とされる。
>
> 　また，このような静態論にもとづく会計のばあい，認識，においては，換金価値のあるもののみが資産として認識されるとともに，測定，におい

ては，いくらで換金しうるか，という，売却時価，というものをもって資産が測定される（この，売却時価，については「第5章」にも述べられる）。

　他方，ドイツの知名の経営経済学者シュマーレンバッハ（Schmalenbach）を先駆とする動態論は会計の主目的を，期間利益計算，とし，このばあいは期間利益計算を適正におこなうべく，ときに換金価値のないものも資産として貸借対照表に記載される。現行の会計は動態論にもとづいている。

　ちなみにまた，静態論→動態論，と移行してきた会計は，静態論→動態論→静態論（？），と，静態論へ回帰しつつある（？），などともされる（ただし，これについてはさまざまな捉え方がなされ，昨今の論を「新静態論」と呼ぶ向きもあれば，かつての静態論とは似て非なるもの，とする向きもある）。

　これはけだし，流行(はやり)の，収益費用アプロウチ vs. 資産負債アプロウチ，という捉え方のもと（編者とすれば，この捉え方には問題があるが），昨今の動向を，収益費用アプロウチから資産負債アプロウチへ，とすることによっている。

　すなわち，かつては（叙上のように）債権者保護のため，貸借対照表をもって債務弁済能力をしめすことが重視されていた→その後，適正な期間利益計算の担い手としての損益計算書が（貸借対照表よりも）重視されるようになった（そして，貸借対照表には繰延資産や引当金などといったものが記載されるようになった）→しかしながら，昨今はまた……，ということである。

　さらにまた，ちなみに，こうした，回帰（？），は「第5章」に述べられる，現金主義→発生主義，の移行についても，（いささか乱暴な言い様をすれば），現金ベイスの会計→現金ベイスではない会計→現金ベイスの会計（？），と，現金ベイスの会計へ回帰しつつある（？），などともされ，これはけだし，昨今のキャッシュ・フロウ重視，キャッシュ・フロウ計算書重視によっている。

　いずれの，回帰（？），についても，のちの歴史の判断に俟つよりほかない。

負債と資本（純資産）とはときに「総資本」と総称される。これは，どのような方法によって調達した資金であれ，経営活動の元手としての性格には違いがない，ということによる。しかしながら，同様に元手ではあっても，負債のばあいは（借りたものであるから）返さなくてはならない資金，別言すれば，他人（ひと）の金，であることから，ときに「他人（たにん）資本」と呼ばれ，他方，（株式会社のばあいであれば）株主から提供され，返す必要のない資本はときに「自己資本」と呼ばれる。負債には返済義務や支払い義務のある借入金や買掛金（商品の購入代金を即金で支払わず，あと払いとしたばあいに生ずる債務）などがあって，こうしたものは通常的にいう負債にも該当しようが，会計においていう負債は，叙上の繰延資産のばあいと同様，期間利益計算によってもたらされる，**引当金**，といったものもこれにふくまれる（この，引当金，については「第6章」に述べられる）。

たとえば企業会計原則によれば（企業会計原則については「第4章」および「第11章」に述べられる），「貸借対照表は，企業の財政状態を明らかにするため，貸借対照表日におけるすべての資産，負債及び資本を記載し，株主，債権者その他の利害関係者にこれを正しく表示するものでなければならない」とされてはいるものの，期間利益計算を主目的とする現行の会計にあって貸借対照表における財政状態の表示は（繰延資産や引当金の存在にみられるように）この目的による制約を受けている。

**貸借対照表の仕組み**

| （借方） | 貸借対照表 | （貸方） |
|---|---|---|
| 資産 | 負債 | |
| | 資本（純資産） | |
| | 利益 | |

前頁の図には（まえにしめされた図「貸借対照表の仕組み」とは異なり）貸方に利益がある。このような貸借対照表にいたるプロセスを簡単な例でみてみよう。

この企業は1年め（第1期）に100円（単純化のためにこのような額にする）の出資を受け、また、銀行から100円の借り入れをおこなったとしよう。仕訳はつぎのようになる。

　　　（借方）現金　　100／（貸方）資本金　100
　　　（借方）現金　　100／（貸方）借入金　100

このばあい、1年めの貸借対照表は借方に現金という資産200が計上され、貸方には借入金という負債100と資本金という資本100とが計上され、したがって、借方、貸方はいずれも200、貸借に差額はない。

| （借方） | 貸借対照表 | （貸方） |
|---|---|---|
| 資産<br>現金200 | 負債<br>借入金100 | |
| | 資本（純資産）<br>資本金100 | |

2年めに50円で商品を購入し、それを60円で販売したとしよう。仕訳はつぎのようになる。

　　　（借方）仕入　50／（貸方）現金　50
　　　（借方）現金　60／（貸方）売上　60

（売上という勘定および仕入という勘定は、損益計算書にかかわる項目であることから、ここではさておく。）

このばあい、2年めの貸借対照表は借方に現金という資産210（＝200−50

＋60）が計上され，貸方には借入金という負債100と資本金という資本100とが計上されることになる。1年めと較べると，貸方には変化がないが，借方には現金という資産の増加が10ある。すなわち，1年めとは異なり，商品販売という経営活動の結果，貸借に10の差額が生じている。

| (借方) 貸借対照表 (貸方) |  |
|---|---|
| 資産<br>　現金210 | 負債<br>　借入金100 |
|  | 資本（純資産）<br>　資本金100 |
|  | 10 |

この差額10はなにか，といえば，これが（商品販売による）利益である。

前述のように，貸借対照表の貸方は資金の調達情況をしめし，また，しかしながら，調達された資金は同様に経営活動の元手ではあっても，負債のばあいは返さなくてはならない資金，他方，資本のばあいは返す必要のない資金である。この利益のばあいもまた，返す必要のない資金，であって，この10は資本（純資産）の増加としてとらえられる。

| (借方) 貸借対照表 (貸方) |  |
|---|---|
| 資産<br>　現金210 | 負債<br>　借入金100 |
|  | 資本（純資産）<br>　資本金100 |
|  | 利益　10 |

### 第2項　損益計算書

損益計算書は，下図にしめされるとおり，借方には費用，貸方には収益が記載され，貸借の差額として利益がしめされ，すなわち，**収益－費用＝利益**，という関係にある（なお，収益よりも費用のほうが大きいばあいには損失が生ずる。このばあいは，収益－費用＝損失，という関係になる）。企業会計原則によれば，「**企業の経営成績**を明らかにするため」のものとされる損益計算書においては，**一定期間（会計期間）における利益の計算**，がおこなわれる。

**損益計算書の仕組み**

| （借方） | 損益計算書 | （貸方） |
|---|---|---|
| 費用 | | 収益 |
| 利益 | | |

収益とは，（商品，製品の販売やサーヴィスの提供などといった）企業の経営活動の成果，であって，また，費用とは，企業が収益を得るために費やしたもの，である。

前例と同様，50円で商品を購入し，それを60円で販売したとしよう。このばあい，収益－費用＝利益，は，60－50＝10，となり，60は売上という収益，50は売上原価という費用となる。商品販売という経営活動の成果が60，この成果を得るために費やされたものが50，ということである。

企業の経営活動の目的はまずは利益の獲得であって，経営活動はこの例のばあいは商品の販売としておこなわれ，この経営活動において50が費やされ，60が得られ，10の利益が獲得された，ということである。　◆編者註13

編者註13　（貸借対照表と損益計算書との関係ならびに）収益および費用については以下のように説明することもできよう。

## 第3項 財産法と損益法と

以上のように，50円で仕入れた商品を60円で販売した，という例について，貸借対照表においても損益計算書においても，利益10円が計上される。しかしながら，この利益10円にいたるプロセスは異なる。貸借対照表のばあいは，商品売買によってどれだけ資本（純資産）が増加したのか，といういわばストックの面から利益10円がもたらされ，損益計算書のばあいは，商品売買においてどれだけのものが費やされ，どれだけのものが得られたのか（どれだけのものが出ていって，どれだけのものが入ってきたのか），といういわばフローの面から利益10円がもたらされる。前者は「財産法」と呼ばれ，後者は「損益法」と呼ばれる。 ◆編者註14

財産法による期間利益の計算

　当期末の資本（純資産）（純財産）（資産－負債）－当期首（前期末）の資本＝当期の利益

　110－100＝10

　　貸借対照表は結果をしめすものであって，この「第3節」の例についていえば，純資産が（100から）110になった，ということをしめしている。

　　他方，（収益および費用をもって構成される）損益計算書は原因をしめすものであって，すなわち，収益は，純資産の増加をもたらすもの，純資産の増加原因，と定義され，費用は，純資産の減少をもたらすもの，純資産の減少原因，と定義される。

　　そして，この「第3節」の例についていえば，売上という収益によって純資産に60の増加がもたらされ，また，売上原価という費用によって純資産に50の減少がもたらされ，すなわち，純資産に正味10の増加がもたらされ，その結果，純資産が（100から）110になった，ということになる。

**編者註14**　編者註13に述べられた（貸借対照表は結果，損益計算書は原因，という）ことと同様，財産法は結果をしめし，損益法は原因をしめす，といえよう。

損益法による期間利益の計算

　当期の収益－当期の費用＝当期の利益

　60－50＝10

　貸借対照表と損益計算書とは利益の算定において異なるプロセスをもちい，しかしまた，その結果は一致するのである。◆編者註15

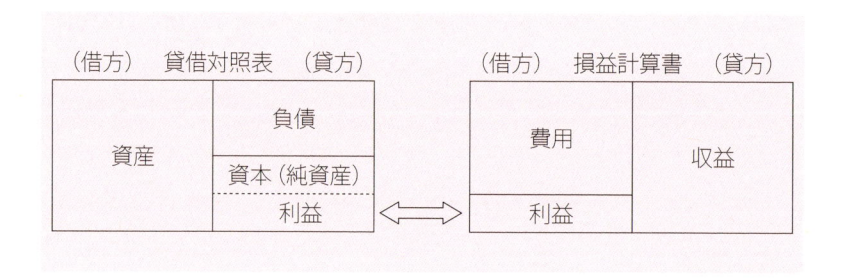

| （借方）　貸借対照表　（貸方） | （借方）　損益計算書　（貸方） |
|---|---|
| 資産 ／ 負債・資本（純資産）・利益 | 費用・利益 ／ 収益 |

---

**編者註15**　以上，この「第3節」に述べられたような貸借対照表および損益計算書の基本的な仕組みについていま少し詳細に（しかし簡明に）知りたいばあいには以下をみよ。

　友岡賛，福島千幸『アカウンティング・エッセンシャルズ』有斐閣，パート1。

　友岡賛『12歳からはじめる賢い大人になるためのビジネス・レッスン「会計」ってなに？』税務経理協会，第2章。

# 第4章　会計の一般原則

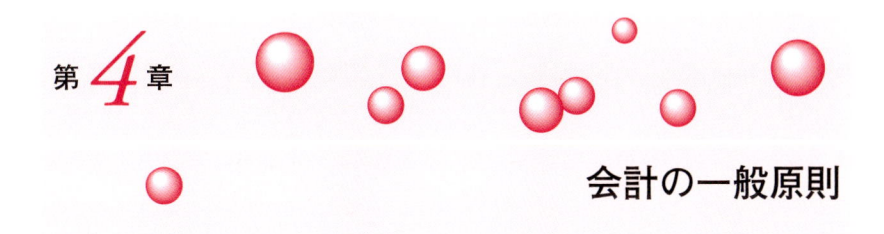

## 第1節　企業会計原則の一般原則

「企業会計の実務の中に慣習として発達したもののなかから，一般に公正妥当と認められたところを要約したもの」とされる**企業会計原則**は一般原則，損益計算書原則，および貸借対照表原則の3部構成となっている（企業会計原則の詳細は「第11章」に述べられる）。これらのうち，**一般原則**は，企業会計全体にかんする包括的な基本原則であって，会計処理方法や財務諸表の表示方法といった財務諸表作成の実質面および形式面についての規範的なルールを以下の7原則によってしめしている。

## 第2節　真実性の原則

**真実性の原則**とは「企業会計は，企業の財政状態及び経営成績に関して，真実な報告を提供するものでなければならない」とする原則である。企業会計に，**真実な報告**，を要求するこの原則は一般原則はもちろん，企業会計原則全体にあっても最高の規範として位置づけられている。

　財務諸表は真実なものでなければならず，虚偽の記載があってはならないことは明白であるが，そこで達成されるべき真実性は，以下のような理由か

◆編者註16

> **編者註16**　ただし，編者は，会計（財務諸表）は真実なものでなければならない，とはかんがえない（会計は嘘であってもよい）。このことについては

ら，唯一無二という意味での絶対的な真実性ではなくして，より適切な判断やより正確な見積りの結果として達成される相対的な真実性を意味する。

　財務諸表の作成にさいしては，ひとつの取引や経済的事実にたいして複数の会計処理方法が認められているばあいがある。このようなばあい，財務諸表作成者（経営者）は認められている処理方法のなかから最適な方法を選択して適用することになる。むろん，恣意的な選択は認められず，真実な報告に資する最適な会計処理方法が選択されなければならない。とはいうものの，選択にさいして，財務諸表作成者による主観的な判断の介入は避けられず，その結果として，同一事象であっても，どの会計処理方法が選択されるかによって報告される会計数値が異なることになる。また，引当金の設定や有形固定資産の耐用年数の決定などのように，財務諸表作成者による将来事象の予測や見積りにもとづく数値を利用しなくてはならないばあいがある。このばあいにも，予測や見積りの如何によって，同一事象について異なる会計数値が報告されることになる。

　以上のように，一般に公正妥当と認められた会計原則に遵っていても，財務諸表作成者による判断や見積りの介入は不可避であって，その結果，同一の経済的事実にたいして，相違する会計数値が報告されるばあいがある。こ

---

　以下をみよ。
　　友岡賛『会計の時代だ――会計と会計士との歴史――』筑摩書房（ちくま新書），第1章。

　　ちなみに，この『会計の時代だ』は株主と経営者との関係を，（財産の管理行為にかんする）委託と受託との関係，ととらえ，この関係において（経営者によって）おこなわれる説明がこれすなわち会計，ととらえているが，これは一般にいわれる，経営者には受託責任（受託者としての責任）がある，あるいは，経営者には会計責任（説明責任）がある，などといったことを主張するものでは決してない。編者とすれば，経営者には，責任，などといったものはない。

のため，真実な報告，における真実性は絶対的な真実性ではなく，相対的な真実性を意味することになる。

また，「第1章」が述べたように，会計とは企業の経営活動を認識し，測定し，もって作成された会計情報を伝達する行為である，と定義されるが，この会計という行為は，だれのために会計をおこなうのか，によって規定される。すなわち，伝達対象の要求を満たすような会計情報を提供すべく，認識，測定，伝達の方法が規定される。財務諸表の作成においても，伝達対象（利害関係者）の要求が考慮されることになる。たとえば株主の立場からすれば，投資対象たる企業の収益性など，投資判断に有用な情報が重視されるであろうし，債権者の立場からすれば，債務弁済能力など，財務的安全性にかんする情報が重視されるであろう。どちらの立場に重きをおくのかによって，報告される財務諸表の内容および作成方法が異なってくる。このように会計という行為，あるいは財務諸表の作成方法は，伝達対象の関心や要求を念頭に規定されるため，関心や要求の変化にともない，そのときどきにおいて変容せざるをえず，その意味でも財務諸表における真実性は相対的真実性とならざるをえない。

## 第3節　正規の簿記の原則

**正規の簿記の原則**とは「企業会計はすべての取引につき，正規の簿記の原則に従って，正確な会計帳簿を作成しなければならない」とする原則である。会計帳簿における記録が財務諸表作成のための基礎資料となるわけであるから，この正規の簿記の原則は記録面において財務諸表の真実性をささえる原則といえる。

正確な会計帳簿は記録の網羅性，検証可能性，および秩序性の3要件を満たすことによって作成が可能になるとかんがえられ，正規の簿記の原則もこの3要件を満たす記録形式での会計帳簿の作成を要請しているとされる。

**記録の網羅性**とは，すべての取引が会計帳簿に完全に記録される，という

性質である。いかに正確で秩序的な記録であっても，部分的な記録では企業活動の包括的な把握はなしえない。網羅性が確保されることによって取引の遺漏のない財務諸表の作成が可能となる。

　**記録の検証可能性**とは，会計帳簿における記録が取引事実にもとづくものであると客観的に確認できる，という性質である。換言すれば，会計帳簿における記録が取引事実を立証しうる納品書，領収書，借用書，出庫伝票などの証拠資料をもとにおこなわれ，必要におうじて帳簿記録から実際の取引への跡づけができる，ということである。検証可能性が具わることによって会計帳簿の信頼性が確保される。

　**記録の秩序性**とは，取引が首尾一貫したルールに則して組織的に記録される，という性質である。これはまた，個々の取引を記録した原資料としての会計帳簿から最終的に作成される財務諸表までの記録プロセスが体系的におこなわれる，ということでもある。

　このように正規の簿記の原則は網羅性，検証可能性，秩序性を要件とした記録形式にかんする包括的な一般原則である。したがって，実在する資産や負債を，簿外資産，や，簿外負債，とすること（帳簿に記録しないこと）は正規の簿記の原則が要請する記録の網羅性のもとでは許容されえない。ただし，「第9節」に述べられる重要性の原則にもとづくばあい，このような簿外資産，簿外負債とする処理は，実務における費用対効果の問題や財務諸表の理解可能性の問題を考慮のうえ，重要性の乏しい項目に限定し，また，影響を小さくとどめることを条件として，容認されることになる。

## 第4節　資本取引と損益取引との区別の原則

　**資本取引と損益取引との区別の原則**とは「資本取引と損益取引とを明瞭に区別し，特に資本剰余金と利益剰余金とを混同してはならない」とする原則である。**資本と利益との区別**は**適正な期間損益計算**および**株主資本の表示**においてとりわけ重要となる。

株式会社を前提としたばあい，貸借対照表の貸方は，負債，と，純資産，とに区分され，純資産は，いわゆる資本，たる，株主資本，と，その他の要素，とに分けられる。株主資本は，株主から醵出された，払い込み資本，と企業活動の成果たる利益が内部留保された，留保利益，とから構成されるが，貸借対照表の表示では，資本金，と，剰余金，とに区分され，さらに剰余金は，資本取引，から生ずる，資本剰余金，と，損益取引，から生ずる，利益剰余金，とに分けられる。

　株式会社は株主からの出資によって資金を調達し，その資金を元手にして経営活動をおこなう。このときに出資された元手は払い込み資本となり，貸借対照表においては資本金（および資本剰余金）として表示される。株式会社の経営活動は利益の獲得を目的としておこなわれ，成功を収めれば利益が生ずるとともに純資産が増加するが，失敗すれば損失が生ずるとともに純資産が減少する。このように，利益の獲得を目的とし，その結果，純資産の増減を間接的にもたらす取引を「損益取引」という。これにたいし，追加的な出資や資本の引き出しなどのように直接的に純資産の増減をもたらす取引を「資本取引」という。

　本来は資本取引たる取引が損益取引とされたり，逆に損益取引が資本取引とされるなど，資本取引と損益取引とが明瞭に区別されないばあい，損益計

**貸借対照表の表示における貸方項目の分類**

| 負債 | | |
|---|---|---|
| 純資産 | 株主資本 | 資本金 |
| | | 資本剰余金 |
| | | 利益剰余金 |
| | その他の要素 | 評価，換算差額等 |
| | | 新株予約権 |

算項目と直接的な純資産の増減にかかわる項目とが混同されてしまうため，期間損益が適正に算定されない，あるいは株主資本が正しく表示されない，といった問題が生ずる。その結果，財政状態と経営成績とが曖昧となって真実な報告が果たされず，真実性の原則に反することになる。また，企業活動の原資として維持すべき払い込み資本が，配当などをつうじて社外に流出してしまうことによって，浸食されてしまい，企業活動の継続性が阻害されてしまう。以上の理由から，資本取引と損益取引との区別が重要視されるのである。

ただし，資本取引と損益取引とのいずれに属する取引なのかについて見解が分かれたり，判断がつきかねる取引があるなど，資本取引および損益取引の意義や特定の取引の解釈は会計の理論およびいわゆる制度における論点となっている。そのような論点については「第6章」に述べられる。

## 第5節　明瞭性の原則

　明瞭性の原則とは「企業会計は，財務諸表によって，利害関係者に対し必要な会計事実を明瞭に表示し，企業の状況に関する判断を誤らせないようにしなければならない」とする原則である。財務諸表は利害関係者にたいする会計情報の提供をその最終的な目的としているのであるから，必要とされる会計情報を充分かつ円滑に提供することができるように明瞭に表示されなくてはならない。明瞭性の原則は財務諸表の明瞭表示を要請する表示面にかんする原則といえる。

　ここで要請される明瞭性には，会計処理の結果としての会計数値の明瞭な表示はもとより，そのような会計数値を計算するために適用された，重要な会計方針，そうした会計方針の変更，さらには，後発事象，や，偶発債務，のような企業経営に影響をおよぼす可能性のある項目などの表示もふくまれる。

　このような明瞭性の要求を満たすため，財務諸表の表示においては総額主

義の原則,区分表示の原則,および収益費用対応表示の原則などが採用され,また,重要な会計方針については註記による開示がおこなわれ,重要な項目については,附属明細表,が作成される。前者の財務諸表の表示にかかわる諸原則については「第6章」および「第7章」に述べられるため,ここでは重要な会計方針および後発事象の開示ならびに附属明細表について解説する。

### ● 重要な会計方針の開示

会計方針とは,財務諸表の作成にあたって採用した会計処理および表示の方法,のことである。選択可能な複数の会計方針が存在するばあい,いずれの会計方針を採用しているのかを開示しなければ,会計事実を明瞭に表示しているとはいえない。企業会計原則は有価証券の評価基準および評価方法,棚卸資産の評価基準および評価方法,固定資産の減価償却方法,ならびに費用および収益の計上基準などの会計方針を註記項目として財務諸表の末尾において開示することを要請している。なお,代替的な方法が認められていないばあいには会計方針の註記を省略することができる。

### ● 重要な後発事象の開示

後発事象とは,決算日(期末)後に発生した事象にして次期以降の財政状態および経営成績に影響をおよぼすもの,のことである。重要な後発事象の開示は将来の財政状態および経営成績を理解するための補足情報として必要とされる。企業会計原則は,註記すべき後発事象として,火災および出水等による重大な損害の発生,多額の増資および減資,多額の社債の発行および繰り上げ償還,会社の合併,重要な営業の譲渡および譲り受け,ならびに重要な係争事件の発生および解決などを挙げている。

### ● 附属明細表

貸借対照表や損益計算書においては,財務諸表利用者全体の利便性を考慮し,適度に勘定科目を合算するなどの概括的表示がなされている。たとえば債権や債務の貸し付け先や借り入れ先,保有有価証券の銘柄などの詳細は明らかにされず,売掛金,買掛金,売買目的有価証券などといった勘定科目で表示される。その一方,特定項目の詳細に関心をもつ利害関係者もいるため,

貸借対照表や損益計算書とは別に重要な諸項目の詳細を明らかにする明細表を作成する必要があり，そのような諸明細表を「附属明細表」と総称する。たとえば有価証券明細表，有形固定資産明細表などがある。

## 第6節　継続性の原則

　継続性の原則とは「企業会計は，その処理の原則及び手続を毎期継続して適用し，みだりにこれを変更してはならない」とする原則であって，複数の会計処理方法が認められているばあいにおいて，ひとたび採用した会計処理方法の他の方法への変更を規制するものである。

　既述のように，財務諸表の作成にさいしては，ひとつの取引や経済的事実にたいして複数の会計処理方法が用意され，財務諸表作成者がそのなかから適当とみなしたものを選択して適用することができるばあいがある。たとえば棚卸資産の払い出し単価の決定方法には先入先出法（さきいれさきだし），後入先出法（あといれさきだし），および移動平均法などが認められ，また，固定資産の減価償却方法には定額法および定率法などが認められている。

　このような複数の方法からの選択適用が認められている理由としては，規模，業種，営業形体などにおいて多種多様な諸企業に特定の会計処理方法のみを画一的に強制すると，かえって実態とは異なる財務諸表が作成されることになり，真実な報告の妨げとなってしまう，ということが挙げられる。また，企業の現実の諸条件に照らし合わせて考案され，会計実務をとおして慣習化し，一般に公正妥当と認められるようになった複数の会計処理方法を一元化することは困難である。このため，複数の選択肢が用意され，実情を知る財務諸表作成者がそのなかからもっとも適切な会計処理方法を選択する，というゆき方に合理性が認められるのである。

　しかし，このように複数の方法からの選択適用が可能なばあい，財務諸表作成者が恣意的に方法を変更することによっていわゆる利益操作が可能となってしまう。また，ひとたび適用された方法が変更されたばあいには同一

企業の財務諸表の**期間的な比較可能性**も害なわれる。このため，会計処理方法の継続性が要請されるのである。

　継続性の原則によれば，ひとたび採用した会計処理方法は，**正当な理由**によって変更されるばあいをのぞき，継続的に適用されなければならない。その一方，正当な理由があれば，会計処理方法の変更は認められる。すなわち，会計処理方法の変更が同一方法の継続的な適用よりも有益な情報提供を結果するばあいには変更が認められる。変更が認められる正当な理由には大別して，企業の大規模な経営方針の変更，と，経済環境の急激な変化，とがある。前者の例としては，取り扱い品目の変更，製造方法の変更，および経営組織の変更などが挙げられる。後者の例としては，国際経済環境の急変，急激な貨幣価値の変動，および関連法令の改廃などが挙げられる。また，正当な理由によって変更をおこなったばあいには，変更の事実および理由とともに，当該変更による財務諸表への影響を註記することが要請される。

　なお，このような継続性の原則が問題となるのは，一般に公正妥当と認められた会計処理方法から他の一般に公正妥当と認められた会計処理方法への変更，のばあいのみである。たとえば有形固定資産の減価償却方法を前期まで採用していた定額法から当期に定率法へと変更するばあいに問題となる。これにたいして，前期には一般に公正妥当と認められた会計処理方法を採用し，当期に一般に公正妥当と認められていない会計処理方法へと変更した，というばあい，あるいは，一般に公正妥当と認められていない会計処理方法から一般に公正妥当と認められていない会計処理方法へと変更した，というばあいは継続性の原則の問題ではなくして，一般に公正妥当と認められた会計処理方法を適用していないこと自体の問題である。また，前期には一般に公正妥当と認められていない会計処理方法を採用し，当期に一般に公正妥当と認められた会計処理方法へと変更した，というばあいも，継続性の原則の問題ではなくして，当然の会計処理方法の修正にすぎない。

## 第 7 節　保守主義の原則

**保守主義の原則**とは「企業の財政に不利な影響を及ぼす可能性があるばあいには，これに備えて適当に健全な会計処理をしなければならない」とする原則であって，「健全性の原則」，「慎重性の原則」，ないし「安全性の原則」とも呼ばれる。

「第2節」に述べられたように，企業会計においては収益や費用などの計上や資産や負債の評価にあたって不可避的に判断や見積りが介入する。保守主義の原則において要求される健全な会計処理とは，利益がより少なく算定される会計処理方法，のことであって，すなわち，この原則は，叙上のように判断や見積りが必要なばあいには利益がより少なく算定される会計処理方法を選択すること，を要求する。たとえば収益や利得については確実になった時点で計上し，費用や損失については予測をもって早期に計上することが要求される。また，耐用年数や貸し倒れの発生率などのような不確定な将来事象がかかわるばあいは判断や見積りを可能なかぎり慎重におこなうことが要求される。

保守主義の原則の適用例としては，割賦販売において回収基準をもちいること，減価償却の手続きにおいて償却期間をより短期に設定すること，貸し倒れの発生率をより高く見積ること，減価償却を定率法によっておこなうこと，棚卸資産の期末評価に低価基準をもちいること，などが挙げられる。

企業会計における伝統的な格言に「予想の利益は計上してはならないが，予想の損失は早期に計上しなければならない」というものがある。まさに保守主義の思考をあらわすものであるが，このような思考は，過度に楽観的な処理をおこなうことなく，将来に備えるという見地から，古今を問わず，教訓的判断基準として受け容れられてきたとかんがえられる。保守的な会計処理方法が選択されることによって，純資産の充実が果たされ，また，財務的に健全な財務諸表が作成される。ただし，利益を過小計上するなど，保守主義の原則を根拠に経済的事実を歪曲するような会計処理をおこなうことは，

保守主義の原則の濫用であるとともに真実性の原則に反するものであって，認められない。あくまでも一般に公正妥当と認められた会計原則の枠内においてのみ認められるものである。

## 第8節　単一性の原則

　**単一性の原則**とは「株主総会提出のため，信用目的のため，租税目的のため等種々の目的のために異なる形式の財務諸表を作成する必要がある場合，それらの内容は，信頼しうる会計記録に基づいて作成されたものであって，政策の考慮のために事実の真実な表示をゆがめてはならない」とする原則である。この原則は，財務諸表の形式面での多元性は認めるものの，実質面では，一元性，を要求するものである。

　上述のように，企業は多様な目的ごとに形式の異なる財務諸表を作成する。株主総会提出用のばあいには経営者の経営責任や経営能力が，信用目的のばあいには債務弁済能力が，租税目的のばあいには課税所得が明らかになる財務諸表を作成する必要がある。これはまた，経営者がそれぞれの作成目的をより効果的に果たしうる財務諸表を作成する動機をもつことを示唆する。すなわち，株主や債権者向けの財務諸表においてはできるだけ多くの利益や純資産を計上することによって信任の獲得や資金調達などを容易にし，租税目的のものでは利益を少なく計上することによって課税所得を減らす動機をもつことを意味する。しかし，財務諸表は，作成目的の如何にかかわらず，正規の簿記の原則に準拠し，経済的事実にもとづく信頼できる同一の会計記録から誘導的に作成されなければならず，いわゆる二重帳簿などをもちいた事実を歪めた記録から作成されることは認められない。したがって，単一性の原則においては，様式，科目の配列，科目の分類の精粗などの形式が作成目的ごとに異なることは認めるものの，作成目的におうじて異なる利益や純資産を計上することは許されず，財務諸表の実質的内容については，目的の如何にかかわらず，単一であることが要求される。

## 第9節　重要性の原則

　**重要性の原則**とは「企業会計は，定められた会計処理の方法に従って正確な計算を行うべきものであるが，企業会計が目的とするところは，企業の財務内容を明らかにし，企業の状況に関する利害関係者の判断を誤らせないようにすることにあるから，重要性の乏しいものについては，本来の厳密な会計処理によらないで他の簡便な方法によることも正規の簿記の原則に従った処理として認められる」とする原則である。この原則はただし，企業会計原則が一般原則としてしめしている既出の7原則とは異なり，**企業会計原則注解**にしめされている。

　重要性の原則は，会計処理の方法のみならず，財務諸表の表示にかんしても適用されるものであって，**重要性の乏しい項目**の会計処理や表示において，簡便な方法，をとることを許容している。これは，重要性の乏しい項目に厳密な方法を採用したとしても，労力ほどの効果を期待できず，厳密な方法をとることの意義が希薄となるためであって，また，過度に詳細な表示となれば，かえって財務諸表の概観性や利便性を害なうことになるためである。

　会計処理において重要性の原則が適用されたばあい，簿外資産や簿外負債が生ずる。また，表示にかんしても，重要性の乏しい項目については，独立の表示はすることなく，他の項目にふくめて表示することが認められる。したがって，このような重要性の原則は会計処理の面では正規の簿記の原則，表示の面では明瞭性の原則と関連する。重要性の原則の適用が認められる例としては以下のようなものがある。

- 消耗品や貯蔵品などを買い入れ時に資産として計上することなく，即時に費用化する。
- 経過勘定のうち，重要性の乏しいものは計上しない。
- 引当金のうち，重要性の乏しいものは計上しない。
- 棚卸資産の附随費用のうち，重要性の乏しいものは取得原価に算入しない。

- 1年以内に期限の到来する分割返済の定めのある長期の債権、債務のうち、重要性の乏しいものは流動資産、流動負債として表示しない。
- 特別損益項目であっても重要性の乏しいものないし経常的に発生するものは経常損益計算にふくめる。

なお、企業会計原則注解における重要性の原則は、重要性の乏しいものについては簡便な方法を認める、というものであるが、この原則の意義を拡大して、重要性の高いものについては真実な報告をおこなうためにもより詳細に記録ないし表示しなければならない、と解釈することもできる。このような解釈は、真実な報告、をささえるものであって、この意味では明瞭性の原則に包摂されることになる。◆編者註17

> **編者註17** 重要性の原則と明瞭性の原則との関係について。
>
> 重要性の原則は、一般には、重要性の乏しいものについては簡便な方法をもちいてもよい、といった意味のものとしてとらえられ、たとえば「第3節」も「重要性の原則にもとづくばあい、このような簿外資産、簿外負債とする処理は……容認されることになる」という述べ方をしているが、この原則にいわば積極的な意味をもたせるばあいには、重要性の乏しいものについては簡便な方法をもちいなければならない、といった意味のものとなる。
>
> （編者註1および編者註2（「第1章」）に述べられたように、編者の嫌いな）「情報開示」という概念のもと、情報はたくさん開示すればしただけ偉い、といった風潮がみられるが、情報は、多ければよい、というものではなく、また、明瞭性は概観性にささえられる。敷衍すれば、（この「第9節」も「過度に詳細な表示となれば、かえって財務諸表の概観性や利便性を害なうことになる」と述べているように）過度の詳細さ（情報過多）は概観性を低下せしめ、したがって、明瞭性を低下せしめる。
>
> 如上の理解によれば、この重要性の原則はこれが（積極的な意味をあたえられ、すなわち）、重要性の乏しいものについては簡便な方法をもちいなければならない、といった意味のものとなったばあいには、明瞭性の原則をささえるもの、となる。

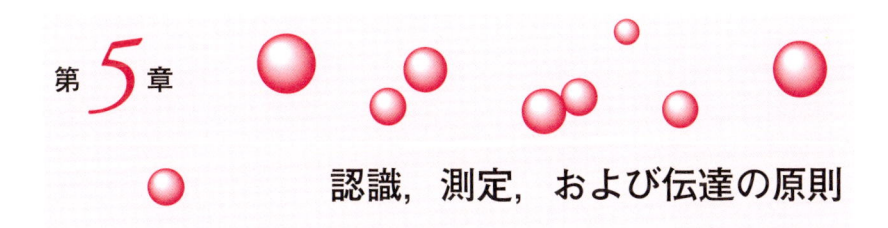

# 第5章 認識，測定，および伝達の原則

## 第1節 認識段階における原則

### 第1項 認識行為

「第1章」に述べられたように，認識は，物事をはっきりと見分けること，と意義づけられ，したがって，これを敷衍すると，**会計における認識**とは，**企業の経営活動のなかで会計の対象となるものをはっきりと見分けること**，であるといえる。

このように，認識という段階においては，会計のなかに取り込まれるものと取り込まれないものとをはっきりと見分ける，という作業がおこなわれるが，そのさいのいわばフィルターの役割を果たすものが，既述のように，(会計上の)「取引」という概念である。すなわち，企業の経営活動のなかで取引に該当するものが会計のなかに取り込まれることになるが，この取引は会計の基礎概念たる「資産」，「負債」，「資本」，「収益」，および「費用」によって構成される。したがって，要するに，会計における認識とは，**資産，負債，資本，収益，費用を把握すること**，であるといえよう。

ただし，このいつつのうち，(貸借対照表項目たる) 資産，負債，資本と (損益計算書項目たる) 収益，費用とでは認識の意味がやや異なる。すなわち，前者については，どのような条件を具えた経済事実の存在をもって，これらを把握することができるか，ということが問題となる。これにたいして，後者，すなわち収益と費用とについては，これらを把握するための条件だけでなく，いつ把握するか，という，とき，の要素がことさら重要となる。収益

と費用との認識をどのような基準をもっておこなうかによって，別言すれば，これらをどの期間に帰属させるかによって，その差し引きによってもとめられる期間利益（の額）が大きく左右されるからである。したがって，収益および費用の認識基準は適正な期間利益計算を主たる課題とする今日の会計にあって重要な地位を占めることになる。本節は以下，資産，負債，資本の認識にかんする基礎的思考を概観したうえで，収益および費用の認識基準についてやや詳しく検討する。

### 第2項　資産，負債，および資本の認識

　貸借対照表の構成要素たる資産，負債，資本の認識については，前述のように，どのような条件を具えた経済事実の存在をもって，資産，負債，資本として会計上，意義づけられるものを把握することができるか，ということが問題となる。

　すなわち，資産は企業資本を具体的な運用情況の面からみた概念であるので，どのような条件を具えた運用形体を資産としてとらえるか，ということが問題となる。他方，負債と資本とは，企業資本をその調達情況の面ないし持ち分関係からみた概念であるので，どのような条件を具えた調達先ないし持ち分関係を負債ないし資本としてとらえるか，ということが問題となる。

　ここにいう（資産，負債，資本各々の）具備すべき条件については種々の見解がしめされるが，たとえば資産であれば，将来における経済的資源の獲得（流入）の蓋然性（発生の可能性）が高い事実，であったり，逆に，負債であれば，将来における経済的資源の喪失（流出）の蓋然性（発生の可能性）が高い，あるいは確定している事実，や，債権者に帰属する持ち分，であったりといったことなどがさしあたって挙げられる。また，資本であれば，将来における弁済ないし給付義務を負わない源泉であること，や，株主に帰属する持ち分であること，などがその条件の例として挙げられよう。

　さらに，会計において認識されたものはつぎに貨幣数値でもって測定されることになるので，信頼性をもった数値で測定可能であること，も条件のひ

とつとなろう。

### 第3項　現金主義と発生主義と

　損益計算書の構成要素たる収益と費用との認識については，これも前述のように，その条件だけではなくして，いつ把握するかという，とき，の要素がことさら重要になる。すなわち，どのような条件を満たしたときに収益，費用として会計上，意義づけられるものを把握することができるか，ということが問題となる。

　ここではまず，収益と費用とのそれぞれをいつ把握するかといった具体的な認識基準をみるまえに，認識の側面からみた会計の（全体的な）構造についてみることにするが，この認識面からみたばあい，会計の構造は一般に，現金主義会計，と，発生主義会計，とに大別することができる。

　ここにいう**現金主義**とは，取引の対価たる現金の収支（受け取りおよび支払い）にもとづいて収益および費用を認識する考え方，のことである。すなわち，現金の収入という事実にもとづいて（現金を受け取ったときに）収益を認識し，現金の支出という事実にもとづいて（現金を支払ったときに）費用を認識し，これらの差し引きによって利益の計算をおこなうのである。このような現金主義（現金の収支）にもとづく利益計算の構造を一般に「**現金主義会計**」◆編者註18という。

---

　**編者註18**　現金主義会計を以下のような仕訳例をもって具体的にしめしておこう。
　　　商品のばあい
　　　　購入時
　　　　　（借方）商品　×××／（貸方）現金　×××
　　　　販売時
　　　　　（借方）売上原価　×××／（貸方）商品　×××

現金主義会計は，現金の出入りにもとづくという点において，素朴で分かりやすい利益計算の方法であるといえようが，これは（個々の資本循環（金(かね)→もの→金）が完結するごとに個別に利益を認識する）いわゆる口別利益計算に適した方法であって，歴史的には中世イタリア商人による地中海貿易にその例をみることができる。

　すなわち，当時の企業は，ひとつの航海（事業）ごとにその終了が予定されている当座企業の性格を有しており，それゆえ，利益の計算も，その終了を待って企業ないし事業全体を清算するという形でもっておこなわれた。企業の終了が予定されている当座企業のばあい，そこでの成果たる収益とこれを得るための犠牲たる費用とは，企業の全活動期間における収入（現金の入り）と支出（現金の出）と，として，これをとらえることができる。したがって，これら収入（すなわち収益）と支出（すなわち費用）との差額がそのまま

---

　　建物のばあい
　　　購入時
　　　　（借方）建物　×××／（貸方）現金　×××

　　減価償却時
　　　　（借方）減価償却費　×××／（貸方）建物　　×××

現金を支払ったときに費用を認識する，という現金主義によれば，つぎのようになる。

　　商品のばあい
　　　購入時
　　　　（借方）売上原価　×××／（貸方）現金　　×××

　　建物のばあい
　　　購入時
　　　　（借方）建物費　×××／（貸方）現金　　×××

すなわち，現金主義にあっては商品，建物などといったものの存在が記録されない，のである。

利益として把捉されることになる。

このように，当座企業という企業形体にあっては利益計算の構造としては現金主義会計で充分であった（ある）し，また，それがもっとも適した方法であった（ある）ともいえよう。◆編者註19

しかし，ときを経て，企業形体が叙上のような当座企業から，事業の拠点を定めて継続的に活動をおこなう（したがって，その終了を予定しない）形体，すなわち継続企業へと移行するにつれて，現金主義会計は利益計算構造としての適応性を失うこととなった。

すなわち，継続企業という形体にあっては，その終了が予定されていないので，終了を待って会計をおこなう（全期間ないし全生涯における利益を把捉する）ことはできない。したがって，企業の経営活動の流れを時間的に区切って，すなわち期間を定めて，この期間について会計をおこなう（たとえば期間における経営活動の成果，期間における利益を把捉する）というゆき方に

> **編者註19**　ただし，当座企業における利益計算は，ある意味においては現金主義であったが，ある意味においては現金主義ではなかった，ともいえよう。
>
> 　当座企業のばあい，すべての収入および支出を終えたのちの現金をもって利益を把捉する（詳細は割愛）。したがって，本章のように「当座企業のばあい，……収益と……費用とは，企業の全活動期間における収入（現金の入り）と支出（現金の出）と，として，これをとらえることができる」と述べることは謬りではなく，また，現金をもって利益を把捉する，という意味においては，当座企業における利益計算は現金主義であった，ともいえよう。
>
> 　しかしながら，現金主義は現金を受け取ったときに収益を認識し，現金を支払ったときに費用を認識する，とするのであれば，当座企業における利益計算は現金主義ではなかった，といえよう。
>
> 　なお，当座企業の利益計算の詳細は以下をみよ。
>
> 　友岡賛『会計の時代だ——会計と会計士との歴史——』筑摩書房（ちくま新書），第3章。

よるようになる。さらに，期間を区切って会計をおこなうようになると，期間における経営活動の成果および犠牲，また，その差額としての利益を適切に把捉するためには，取引の対価たる現金の収支ではなくして，取引の対象たる経済価値そのものの増加や減少（獲得や消滅）にもとづいて収益と費用とを認識する必要性が生ずるようになったのである。

　叙上のような経済価値の増減にもとづいて収益および費用を認識する考え方を「**発生主義**」というが，この発生主義の成立（現金主義から発生主義への移行）をもたらした要因として挙げられるのが，「第2章」に述べられたように，固定資産の増加（ないし「固定資産」という概念の出現），および，いわゆる信用経済の発達，これらである。

　すなわち，継続企業にあっては，事業の拠点を定めることによって，建物や機械など，長期的に使用する資産を多く保有するようになる。長期的に使用するということはすなわち，（期間，を前提としたばあい）複数の期間にわたって使用するということ，である。長期的に，あるいは複数の期間にわたって保有される，といった意味でこれらは固定的なもの（資本の固定化）であって，ここに「固定資産」という概念の出現をみる（つまるところ，「期間」という概念があってこそ，「固定資産」という概念もある）。また，これら固定資産の多くは，使用することによって時間の経過とともに，その経済価値が減少する。したがって，一般に資産を取得したときに（一時に）生ずる現金の支出と，長期間にわたって生ずる資産の経済価値の減少とに大きな時間的ないし期間的なずれが生ずることとなる。

　また，事業の拠点を構え，工場や倉庫，機械などの固定資産をもちいることによって，継続的にして大量の生産や仕入れが可能になると，ひとつの会計期間が終わった時点（期末時点）で，商製品の売れ残り，つまり在庫が生ずることになる（したがって，これもつまるところ，「期間」という概念があってこそ，「売れ残り（在庫）」という概念もある。別言すれば，残ったものもすべて処分し，跡始末をつけて利益の計算をおこなう当座企業，あるいは口別利益計算にあっては「売れ残り（在庫）」という概念は存在しない）。この在庫分につい

ては，一般に原材料や商品を取得したときに現金の支出は生じているものの，その経済価値の減少（費消）はいまだ生じていないことになる。したがって，ここにおいても，現金の収支と経済価値の増減とに時間的ないし期間的なずれが生ずる。

他方，信用経済（たとえば掛け取引や手形取引）の発達によって，財貨やサーヴィスの引き渡し（ないし受け取り）と，その対価としての現金の受け取り（ないし支払い）とにも時間的なずれが生ずることとなる。このような時間的なずれが同一の期間内において生ずるばあいには（期間利益計算上）問題はないが，前出の固定資産のばあいと同様，これが複数期間にわたることもある（たとえば，1月1日から12月31日までの1年間をもってひとつの会計期間としている企業がある年の12月10日に商品を掛け売りし，その代金を1か月後の翌年1月10日に受け取った，といったようなばあいである）。

このように，企業形体の変化，さらには経済社会の変化によって，現金の収支と経済価値の増減との時間的なずれが生ずるようになり，これが適正な期間利益計算をおこなうにあたっての現金主義の適用を阻むようになった。つまり，当座企業から継続企業へという企業形体の変化が口別計算から期間
◆編者註20
計算へという利益計算の変化をもたらし，口別計算から期間計算へという利
　　　　　　　　　　　　◆編者註21
益計算の変化が現金主義から発生主義へという認識の基本思考の変化をもた

---

**編者註20**　厳密にいえば，このように口別計算と期間計算とを，vs., の関係にあるものとしてとらえるのは正しくなく，非期間計算 vs. 期間計算，したがって，非期間計算から期間計算へ，とすべきである。このことについては以下をみよ。

友岡賛『歴史にふれる会計学』有斐閣，第3章。
友岡『会計の時代だ――会計と会計士との歴史――』第3章。

**編者註21**　現金主義から発生主義へ，については**編者註12**（「第3章」）も言及した。みよ。

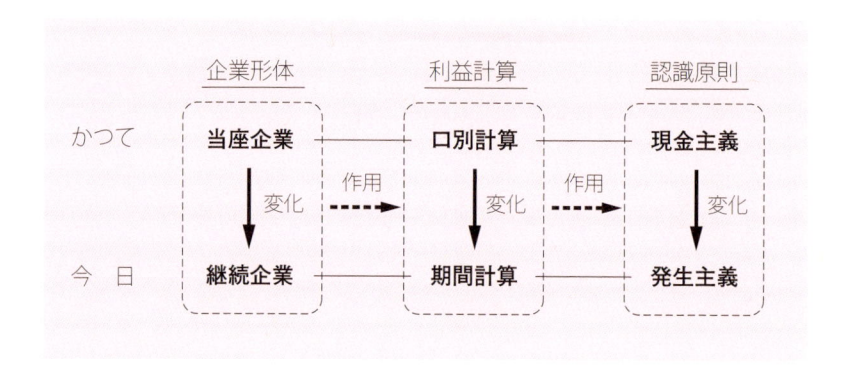

| | 企業形体 | | 利益計算 | | 認識原則 |
|---|---|---|---|---|---|
| かつて | 当座企業 | → 作用 | 口別計算 | → 作用 | 現金主義 |
| | ↓変化 | ⇢ | ↓変化 | ⇢ | ↓変化 |
| 今　日 | 継続企業 | | 期間計算 | | 発生主義 |

らした，といえよう。◆編者註22

　そして，今日にいたっては，会計（期間利益計算）を認識の側面からみたばあい，一般に，発生主義にもとづく利益計算の構造，すなわち**発生主義会計**がとられているとされる。

　ただし，ここにいう利益計算構造としての発生主義会計は，前述のような，経済価値が増加した時点で収益を認識し，経済価値が減少した時点で費用を認識する，といういわば純粋な発生主義によるものではなくして，収益と費用とのそれぞれの認識にあたって若干の制約をともなったものとなっている。すなわち，このあとに詳しく述べられるように，実現主義にもとづいて収益を認識し，発生主義および収益費用対応の原則にもとづいて費用を認識し，これらの差し引きによって利益を計算する会計構造を今日，「発生主義会計」と呼ぶのである。

> **編者註22**　口別計算（非期間計算）から期間計算へ，および，現金主義から発生主義へ，の，歴史，の詳細は以下をみよ。
> 　　友岡『歴史にふれる会計学』第３章および第５章。
> 　　友岡『会計の時代だ──会計と会計士との歴史──』第３章および第５章。

### 第4項　収益の認識

● **実現主義**

「第3章」に述べられたように，収益とは，企業の経営活動の成果，である。この成果は，各企業が具体的な生産活動や流通活動をつうじて新たな経済価値を形成する（経済価値を増加させる）ことによって生ずるもの，である。

たとえば製造業を営む企業（メイカー）は通常，原材料を購入し，これを製造工程に投入し，加工することで製品を完成させる。さらに，完成した製品を販売して，最終的にその代金を回収するにいたる。このような営業プロセスにおいて経済価値の増加がいつ生じているか，をかんがえてみると，理論的には，製造工程において生産物に手がくわえられることによって，すでに徐々にその経済価値は増加していることになる。

また，商業（たとえば小売り業や卸し売り業）を営む企業は他の企業から財貨（商品）を仕入れ，これをまた別の企業ないし消費者へ販売し，最終的にその代金を回収するにいたる。このような営業プロセスにおいては，財貨の物理的（場所的）な移転にともなって経済価値の増加が生じている，とかんがえられる。

したがって，発生主義を忠実に適用しようとすれば，製造業にあっては製造工程が進行する瞬間々々に，商業にあっては財貨の物理的な移転の事実にもとづいて，価値の増加をとらえる，すなわち収益を認識する必要がある。

なるほど，発生主義による収益の認識は，経済価値の増加を忠実にないし適時にとらえるという点で，理論的にみれば合理的で勝れた考え方であるかもしれない。しかしながら，実際上，瞬間的な価値の増加を逐次，把握することは不可能に近い。また，製品が完成しても，あるいは商品を購入しても，そのすべてがあらかじめ設定した価格で販売できるとはかぎらず，したがって，販売可能性（売れるかもしれない）という不確実な，あるいは主観的な事象にもとづいて収益が認識されるという問題が生ずる。

それゆえ，一般的な財貨の生産や販売（ないしサーヴィスの提供）においては，収益の確定性や客観性が確保される時点まで，その認識を延期する，と

いう思考が生まれてくる。すなわち、経済価値の増加が確実になった時点で収益を認識しようとする考え方である。このような考え方を「**実現主義**」という。前述のように、今日の発生主義会計にあって収益の認識には（発生主義ではなく）この実現主義が適用されている。

### 🔴 実現主義の要件

では、どのような条件を満たしたときに、経済価値の増加が確実になった、換言すれば、収益が実現した、とみなすことができるのであろうか。この実現の要件については種々の見地がしめされているものの、一般には販売行為の完了をもって収益の実現とみなされている。なぜなら、販売行為の完了は企業の産出した価値（経済価値の増加）が現実の経済社会において認知された（受け容れられた）ことを意味し、これによって、その価値（の増加）は爾後、取り消されることのない確定性と客観性とを具えることとなるからである。

ここでまた、さらに、なにをもって販売行為の完了とみなすのか、ということが問題となるが、これについても種々の見地がしめされているものの、一般には以下の2要件を満たすことによって販売行為の完了とみなされている。

- 財貨の引き渡し（ないしサーヴィスの提供）
- その対価としての貨幣性資産の受領（ないし債務の弁済）

ひとつめの要件たる財貨の引き渡しは所有権の移転を意味するが、かならずしも法律上の所有権移転の時点とは一致しない。というのも、会計においてより重要なのは、当事者のあいだで取引が合意されたという事実の存在、であって、それがまた、（法律上ではなく）会計上、より本質的な事柄であるとされるからである。

ふたつめの要件のうちにしめされる貨幣性資産とは、逐語的には、貨幣の性質をもった資産のことであって、一般に、現金ないし現金等価物、をもって貨幣性資産とかんがえられている。このような資産を対価として受け取ることは、利益の処分可能性、という観点からも重要となってくる。すなわち、

利益は処分の対象とされ，株主への配当などいろいろな形で現実に分配されることになるが，これが実行可能であるためには利益計算の基礎となる収益に相応の資金的な裏づけがなければならない。

ただし，このふたつめの要件における貨幣性資産，とりわけ現金等価物の解釈については若干の問題をはらんでいる。すなわち，現金等価物についてはこれを，①回収過程にある（したがって，再販売過程を要しない）資産とする見解，②支払い手段に充当される資産とする見解，のふたつに解釈が分かれている。

具体的な対価を挙げて，このふたつの見解の異同についてかんがえてみよう。まず，対価が売掛金ないし受取手形のばあいをかんがえよう。このばあい，①の見解にあっては，（たといその回収期限が期間内に到来せず，現金化されなくとも）この対価は現金等価物とみなされる。なぜなら，現金化されるのに販売過程を経る必要がないからである。これにたいし，②の見解にあっては，それが短期的な，その期間中に現金化されるようなものであれば現金等価物としてみなされるが，現金化に相当の時間がかかり，また，現金回収上のリスクが高いもの（たとえば後述される割賦販売の売掛金）についてはこれを現金等価物として認めることはむずかしくなる。

つぎに，対価として市場性のある有価証券（株式，社債など）を受け取ったばあいをかんがえてみよう。このばあい，①の立場では，販売（市場での売却）という過程を経なければこれは現金化されないので，現金等価物としてはみなされない。他方，②では，必要におうじてこれを市場でただちに売却（現金化）することが可能であることから，支払い手段と認められ，したがって，現金等価物とみなされる。

このように，①においては，対価について，現金として回収されるまでの時間は問題とされず，販売過程を介さずに現金化されるかどうか，が重要視される。これにたいし，②においては，現金化するのに販売過程を要するかどうかは問われず，必要におうじてただちに換金されるか，といった時間的な面が重要視されるのである。②において，このような即時の換金性ないし

支払い手段としての属性が対価にもとめられるその根拠は前述の，利益の処分可能性，にあるといえる。ただし，ここで留意しなければならないのは，収益の対価として現金等価物がふくまれ，それが現金ではない以上，完全な意味での利益の処分可能性（資金的な裏づけ）は保証されないということである（ただし，そのような利益処分の問題に直接の関係をもつのは，会計ではなくして，財務（政策）の分野であって，これと会計とのかかわりは間接的なものとしてとらえる必要がある）。

上述のように，実現の要件については，現金等価物の解釈において立場の異同がみられるものの，いずれにしろ，販売行為の完了をもって一般に収益の実現とみなされている。この販売行為の完了時点で収益を認識する考え方は，後述される生産基準や回収基準といった収益認識の考え方と峻別する意味で，「**販売基準**」と呼ばれる。したがって，実現主義は販売基準と等しいもの，同義のものとしてとらえられることもある。

ただし，今日のいわゆる会計制度にあっては，販売完了時以外の時点における収益の認識（したがって，実現主義＝販売基準，と解する立場からすれば，実現主義の例外ともみなせる収益の認識）も少なからず認められている。以下，これらについてみてゆくことにしよう。

### 🔴 生産基準

実現の一般的な要件は，既述のように，財貨の引き渡し（ないしサーヴィスの提供），および，その対価としての特定資産の受領（ないし債務の弁済），のふたつであるが，引き渡し（提供）以前にその相手がすでに特定され，かつ，対価の受領も確実なケイスが存在する。すなわち，①不動産賃貸業や金融業，電力会社やガス会社のように，一定の契約にもとづいてサーヴィスの提供がおこなわれているようなばあい，②建設業や造船業のように，生産のまえに請負契約が結ばれ，これによって完成物の引き渡しと取引価格（販売価格）とが確定しているばあい，である。

一般的な（つくっても，そのすべてが売れるかどうか分からない）見込み生産などとは異なり，①のばあいにあっては時間の経過におうじて，②のばあい

にあっては生産ないし工事の進捗度におうじて，確実かつ客観的な収益を認識することが可能である。さらには，③政府などによる買い入れが定められている特定の農産物，や，鉱産物（ただし，金，銀，ダイアモンドといった貴金属，宝石としてあつかわれるものにかぎる），のように，所定の価格での販売が保証されている，あるいは容易に販売しうる市場（売り手市場）が存在するばあいも，（販売以前の）収穫ないし生産を完了した時点で，収益の確実かつ客観的な認識が可能である。

このみっつのケースにおける収益の認識は，取引される財貨やサーヴィスの様態におうじて，①については「**時間基準**」，②については「**工事進行基準**」，③については「**収穫基準**」と各々呼ばれるが，いずれも（販売以前の）生産過程の途上ないし完了の時点にもとづく基準であることから，一般に「**生産基準**」と総称される。

収益の実現を販売行為の完了時点とみなす（実現主義＝販売基準，とかんがえる）見地からすると，この生産基準は，叙上のように，販売行為の完了以前における収益の認識であって，実現主義の例外（すなわち発生主義の適用）とみなされることとなる。ただし，他方，実現主義の根拠を収益の確定性，客観性（を確保する決定的な事柄の存在）にもとめるばあいには，生産基準も実現主義のひとつの適用例，とみなすことができる。

### 🔴 回収基準

生産基準のような販売行為の完了以前における収益の認識が認められる一方，営業の様態によっては，販売行為を完了しただけでは収益の確実性を確保できたとはいえないようなケースも存在する。販売代金を分割払いとする割賦販売（いわゆるクレジット販売）がその典型例である。

割賦販売については，代金の回収が長期にわたるため，代金が完全に回収されない危険性が（通常の販売に比して）高い。また，代金の回収にあたっても，通常の販売とは異なり，販売後に相当の努力（事後費用）を要する。そのため，実際に代金が回収されるまでは収益の成立がいわば不確実な状態にあるといえ，したがって，その確実性を確保するため，代金の回収時点ま

で，これの認識をさき送りすることが認められている。このような代金の回収時点で収益を認識する基準を「回収基準」という（厳密には，さらに，代金の回収の可否にかかわらず，回収期限（支払い期限）が到来した時点で収益を認識する「回収期限到来基準」と呼ばれる基準もある）。

収益の実現を販売行為の完了時点とみなす（実現主義＝販売基準，とかんがえる）見地からすると，この回収基準は，叙上のように，販売行為の完了以後における収益の認識であって，実現主義の例外（すなわち現金主義の適用）とみなされることとなる。ただし，これも他方，実現主義の根拠を収益の確定性，客観性（を確保する決定的な事柄の存在）にもとめ，割賦販売においてこれが満たされるのは代金の回収時点である，との考え方にもとづいて，回収基準も実現主義のひとつの適用例，とする見地もある。

## ●実現主義と発生主義会計と

以上に述べてきたように，生産基準や回収基準は，実現主義の捉え方ないし定義の如何によって，実現主義の適用ともその例外ともかんがえられる。すなわち，実現主義にかんする一般的見解ともいえる，実現主義＝販売基準，と解する立場にあっては生産基準や回収基準は実現主義の例外とされ，したがって，実現主義は発生主義や現金主義と対比ないし対置される。他方，販売行為の完了にはよらず，あくまで経済価値の増加の確定性，客観性が確保された時点を実現と解する立場にあっては生産基準や回収基準も実現主義の一適用形体としてこれをとらえることができる。

いずれの見地によるにせよ，少なくも，それぞれの収益認識の基礎にあるのは，取引の対価たる現金の増加ではなくして，取引の対象たる経済価値の増加であって，この点において，今日の認識の側面からみた会計構造は現金主義会計ではなくして，発生主義会計である，ということができるであろう。

ただし，しかし，前者，すなわち，実現主義＝販売基準，と解する立場によると，実現主義の例外とみなされる基準ないしケースが少なからず存在することになり，また，なにより，（原則と例外と，という形で）実現主義と発生主義とが対置されることによって，全体の会計構造としては発生主義会計

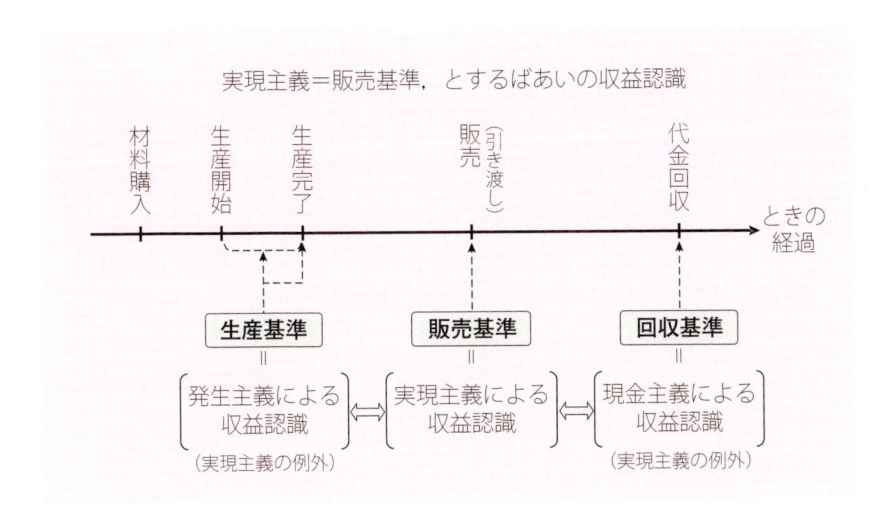

## 実現主義＝販売基準，とするばあいの収益認識

```
材料購入 — 生産開始 — 生産完了 — 販売(引き渡し) — 代金回収 → ときの経過
                    ↓              ↓                    ↓
                 生産基準         販売基準              回収基準
                    ＝              ＝                    ＝
              [発生主義による    [実現主義による      [現金主義による
               収益認識]   ↔     収益認識]    ↔       収益認識]
             (実現主義の例外)                       (実現主義の例外)
```

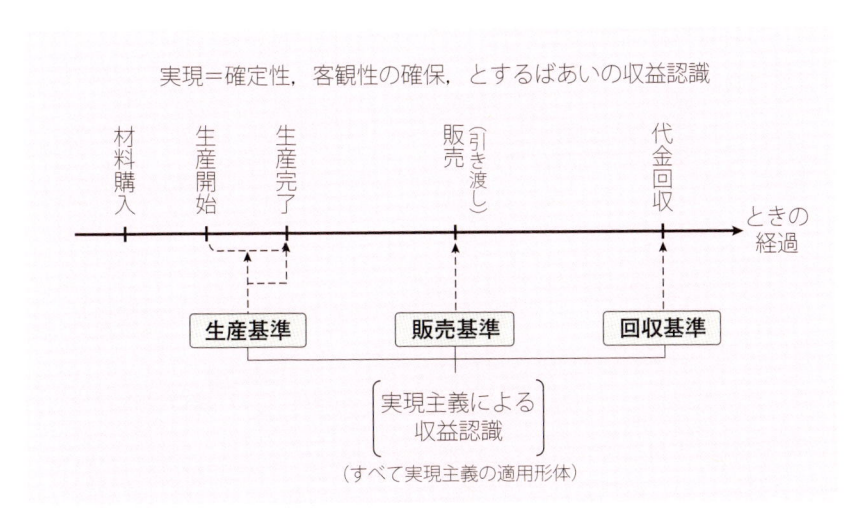

## 実現＝確定性，客観性の確保，とするばあいの収益認識

```
材料購入 — 生産開始 — 生産完了 — 販売(引き渡し) — 代金回収 → ときの経過
                    ↓              ↓                    ↓
                 生産基準         販売基準              回収基準
                         ┌──────────┼──────────┐
                              [実現主義による
                               収益認識]
                         (すべて実現主義の適用形体)
```

をとっているにもかかわらず，収益の認識においては発生主義は例外として位置づけられる，という疑問ないし問題が生ずる。これにくわえて，今日における企業の様態や種類は多様をきわめており，したがって，それぞれの業態ないし業種において収益の確定性，客観性の確保という要件を満たす時点

も異なる，とかんがえることが合理的であろう。

　これらの点を考慮すると，実現主義は，（販売行為の完了という一時点に囚われることなく）一定の制約条件のもとで収益の，発生，を認定する考え方，すなわち，確定性，客観性の確保という要件を満たした時点で経済価値の増加を認識する思考，とみなすのが妥当であるようにおもわれる。このようにかんがえることによって，販売基準，生産基準，回収基準のいずれもが，今日の多様な業種，業態における収益の確定性，客観性が確保されるケースの類型，として認知されることになる。

　さらにまた，全体的な構造の面からみても，実現主義を叙上のような一定の制約条件をともなった発生主義ととらえることによって，収益にかんする実現主義と（後述される）費用にかんする発生主義とが，発生主義会計，というひとつの会計構造のなかにいわば矛盾なく，ともにその地位を占めうる，ともかんがえることができよう。

### 第5項　費用の認識

#### ● 発生主義

　これまで述べてきたように，今日の発生主義会計にあって，収益の認識については発生主義に一定の（確定性，客観性という）制約を附加する形でもって実現主義が適用されるのにたいし，費用の認識については<u>発生主義</u>が（さしあたって）そのまま適用される。すなわち，費用は財貨ないしサーヴィスの費消による経済価値の減少にもとづいて認識される。

　ただし，経済価値の減少をもって無条件に費用の発生とされるか，というと，かならずしもそうではない。後述のように，費用はいわば収益あってこその概念であって，それは収益の獲得に貢献する（役立つ）経済価値の減少でなければならない。たとえば火災で建物を焼失したり，現金や商品を盗まれたりしたばあいにも経済価値の減少が生ずるが，このような収益の獲得に貢献しない経済価値の減少はまさに企業にとって<u>損失</u>であって，費用とは峻別される（ただし，収益獲得への貢献の有無を区分せず，あらゆる経済価値の減

少をもって費用とする向きもある。したがって，費用にはあらゆる経済価値の減少をもってする広義の概念と，これを収益の獲得に貢献した部分に限定する狭義の概念とのふたつがあるといえよう）。

　さらにまた，ここに，費用の発生，というばあいに留意しなければならないのはこの，発生，の意味内容は価値減少の，確定事実の発生，だけではなくして，原因事実の発生，をもふくんでいるということである。

　ここにいう**確定事実の発生**とは，財貨ないしサーヴィスの費消による価値の減少が客観的に認められる形で，あとになって取り消されることのない事実として生じていること，のことである。たとえば商品や製品が販売されたときには売上原価という費用が認識されるが，これは商品や製品という財貨（にたいする資本投下額）が企業外に流出したという意味で，客観的で確定した財貨の費消ないし価値の減少である。このような事象を「確定事実の発生」と呼ぶのである。

　他方，**原因事実の発生**とは，現時点では価値の減少を客観的に確定することはできない（将来においてその確定をみる）ものの，その価値減少の原因となる事実がすでに生じていること，のことである。そして，通常，この原因事実の発生にはつぎのふたつのばあいがあるとされる。

　ひとつは，すでに財貨ないしサーヴィスの費消による価値減少の事実は生じているが，それが未確定の状態にあるばあい，である。この例としては備品や建物などの固定資産の費用化が挙げられる。つまり，長期にわたって使用されるこれらの資産については，厳密にいえば，最終的に廃棄される時点でなければその価値の減少は確定しない。しかし，観念的には使用やときの経過とともにその価値は徐々に減少しており，また，廃棄時点で価値の減少が必然的に確定することから，未確定ではあっても，その費消分が費用として認識されなければ，合理的な期間利益計算はおこなえないことになる。それゆえ，使用やときの経過という価値減少の原因事実の発生にもとづいて，減価償却という形でもって（この，減価償却，については後述される），これを費用化してゆくのである。

いまひとつは，財貨ないしサーヴィスの費消事実それ自体は生じていないが，それが将来に一定の確度（蓋然性）をもって発生することが予想され，しかも，その発生原因が現在にあると認められるばあい，である。この例は一部の負債性引当金にみられる（この，引当金，については「第6章」に詳述される）。たとえば製品保証引当金は，販売後の一定期間に故障などが生じたさいの無料修理を保証して製品を販売したばあいに設定される引当金，であるが，このばあい，実際には（販売後に故障などが生じて）修理をおこなってはじめて財貨やサーヴィスの費消が生ずる。しかし，それを待ってはじめて費用を認識するのではなくして，この期間において製品を販売したことが将来における価値の費消（修理）の原因となっている，という因果関係に注目し，この原因事実の発生にもとづいて，製品を販売した期間に費用を認識するのである。

このように，費用の認識における発生主義は，確定事実の発生という一義的なものではなくして，原因事実の発生をもふくんだ概念として一般にとらえられている（発生主義は価値費消事実の発生のみをもってする，と解する向きもある（狭義の発生主義）が，一般には原因事実の発生をもふくめたものとして解されている（広義の発生主義））。したがって，これを換言すれば，費用は，その確定性や客観性の有無にかかわらず，価値減少事実の発生にもとづいて認識される。他方，既述のように，収益については，その確定性，客観性の確保を根拠として，実現主義にもとづく認識がなされる。ここに生ずる素朴な疑問は，収益には叙上のような確定性，客観性がもとめられるのにたいして，費用についてはこれらを欠く認識が認められるのはなにゆえか，ということであろう。その所以は費用が，収益あってこその概念，であるということにもとめられる。

今日の利益計算は，期間収益から期間費用を差し引く，という形でもっておこなわれるが，これは，収益と費用とのあいだになんらかの対応関係が前提されている，ということを意味する。すなわち，成果（収益）とそれを得るための努力（費用）と，という両者の関係があればこそ，期間費用を期間

収益から差し引くことができるのであって，期間費用は，たんなる費用，ではない。期間収益に対応する費用だけが期間費用となりうるのである。このように，費用は収益あってのもの，別言すれば，収益との対応という制約を受けたものであるといえる。このことはまた，費用の認識原則としての発生主義が，価値減少の確定事実の発生だけでなくして，原因事実の発生をもふくむ概念であることの根拠ともなる。すなわち，収益と費用との合理的な対応にもとづく，といった意味で，適正な期間利益計算，というものをとらえたばあい，一方において，確定事実として生じた価値の減少のなかにはその期間の収益とは対応関係が認められない部分（過去ないし将来の期間の収益に対応する部分）がふくまれ，したがって，これは他方において，将来の期間に確定ないし発生する（その期間には未確定ないし未発生の）価値の減少であってもその期間の収益との対応関係が認められるものも存在する，ということを意味する。このように，費用は，収益との対応関係を前提するからこそ，確定性をもたない価値減少をもふくんだ発生主義にもとづいてその認識がなされるのである。

## 🔴 収益費用対応の原則

　上述のように，今日，利益は期間収益と期間費用との差額として算定されるが，実現主義にもとづいて認識された収益はそのまま期間収益（期間利益計算上の収益）となるのにたいして，費用については，発生主義にもとづいて認識されたものがそのまま期間費用（期間利益計算上の費用）となるわけではない。すなわち，価値減少事実の発生をもって，まずは費用としての認識がなされたというだけであって，それが，＝期間費用，とはかならずしもならない。それが期間費用として計上されるためには，その期間に認識された収益に対応するもの，つまり，成果とそれを得るための犠牲と，といった意味でのなんらかの因果関係を有するものでなければならない。

　こうした一定期間における収益（価値の増加）と費用（価値の減少）とのあいだに，結果（成果）と原因（努力）と，という結びつきないし対応関係をもとめる考え方を「**収益費用対応の原則**」（ないしたんに「**対応原則**」）という。

これは，あらためていうまでもなく，確定性と客観性とを具えた（すなわち実現した）収益に（発生した）費用を対応させる，ということであって，（実現）収益を（発生）費用に対応させる，ということではない。

メイカーのばあいを例に挙げて，如上の収益と費用との対応関係をかんがえてみよう。メイカーにおいては，たとえば製品を製造するために材料を費消した時点で，発生主義（価値減少事実の発生）にもとづいて，材料費という費用が認識される。しかし，他方において製品の製造によって収益（価値の増加）も形成される（発生する）ことにはなるが，これの認識は，製品が完成し，さらに外部に販売されるまで，すなわち，実現するまで，はおこなわれない。そのため，材料費もそのままただちには期間費用とはならず，製造途上にあっては仕掛品の原価を，完成後においては製品の原価を構成する。そして，製品が販売され，収益（売上）が認識されてはじめて，この収益（売上）と対応関係をもつ費用（売上原価の一部）として，期間費用，となるのである。

ここにおける仕掛品や製品はいずれは期間費用となるものである。ただし，これらは将来の期間費用である（当期の期間費用ではない）ため，損益計算書には記載されず，将来において期間費用となる性質をもつもの，すなわち将来の収益獲得に役立つもの，要するに資産（このような性質をもつ資産を理論上，一般に「費用性資産」という）として，貸借対照表において繰り越されることになる（このように，費用と資産とは，企業が収益を獲得するために投下した資本，すなわち原価（コスト）によって包摂される，あるいは，原価を媒介として密接な関係にある，といえる。そしてまた，費用と資産とのこのような関係はこれが後述される，測定段階における原則，をみるうえでも重要となる）。

このように収益費用対応の原則によって，発生主義にもとづいて認識された費用，のなかから，実現主義にもとづいて認識された期間収益と対応する部分，がいわば抜き出されるといえよう。収益費用対応の原則がこのような機能を果たすことによって，ある期間における経営活動の成果（収益）とそれを得るために費やされた犠牲ないし努力（費用）との差としての純粋な成

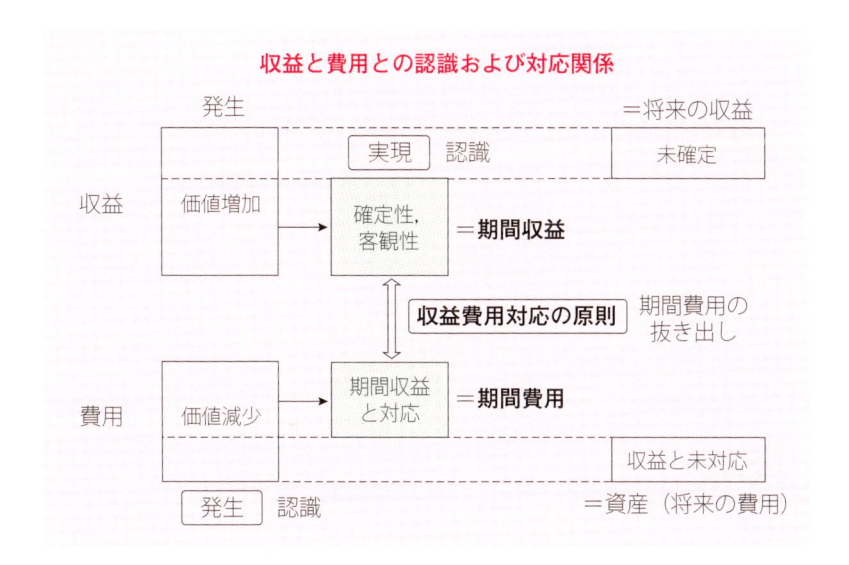

**収益と費用との認識および対応関係**

```
                           =将来の収益
          発生
                  実現  認識    未確定
         ┌─────┐
収益      │価値増加│→  確定性,
         │     │    客観性  =期間収益
         └─────┘
                    ⇅   収益費用対応の原則   期間費用の
                                              抜き出し
         ┌─────┐
費用      │価値減少│→  期間収益
         │     │    と対応  =期間費用
         └─────┘
                                          収益と未対応
          発生  認識           =資産（将来の費用）
```

果（利益）をより適切な形でもとめ，あるいはあらわすことができるのである。

　ときに上述のような（期間）収益と（期間）費用との対応の形体は一様ではなく，一般に，両者の緊密性によって，個別的対応と期間的対応とのふたつに分類される。

　まず，**個別的対応**とは，特定の財貨ないしサーヴィスを媒介とする対応，であって「**直接的対応**」とも呼ばれる。売上と売上原価との対応関係がこの典型例とされる。すなわち，商製品の販売による収益と，商品の購入や製品の製造にかかる原価など，収益に直接のかかわりをもつ費用との対応である。ただし，理念的にはそのような個別（直接）的対応をはかることが可能であるとはいっても，実際上は，業種などの違いによって，その対応の確度には差があることに留意しなければならない。たとえばサーヴィス業を営む企業のばあいは，提供するサーヴィスをストックしておくことができないため，その対応関係は比較的正確に把捉することができる。これにたいして，売上原価を（先入先出法などにおけるような）一定の仮定のもとに算定することが

一般的な小売り業や製造業を営む企業のばあいは、個々の商製品について厳密な対応を認めることは困難、といってよい。したがって、後者のようなばあいには、一定期間の売上の合計と売上原価の合計と、といった形での対応（期間的対応）がなされることになる。

　他方、**期間的対応**とは、文字どおり、期間を媒介とする対応、であって、「**間接的対応**」とも呼ばれる。たとえば売上と給料や減価償却費などといった費用との対応がこれに該る。こうした費用は、収益とのあいだに個別的ないし直接的な因果関係を見出すことは困難なものの、その期間における収益を得るために役立っていることに疑いはない。それゆえ、これらは同一の期間における経営活動をつうじて間接的に対応しているとかんがえ、両者の対応関係を認めるのである。

　さらに、上記のふたつの対応形体のほか、商製品の評価損や貸し倒れによる損失など、本来的に損失とみられるものと収益とのあいだに対応関係が認められるばあいがある。こうした損失は収益の獲得になんらの貢献もない一方的な価値の喪失であって、その意味では収益との対応を見出せるものではない。しかし、それが経常的にして不可避的に生ずるものであるばあいには費用の性格を有しているものとみなせなくもない。そのような見地に立ったばあいには、損失の一部も収益と対応している、ということになる。

　項目によって対応の形体ないし緊密性の違いはあるにせよ、いずれにしても収益と費用との対応関係をもとめる収益費用対応の原則は、収益の認識基準としての実現主義と費用の認識基準としての発生主義とのいわば橋渡しをする、別言すれば、期間収益と期間費用との差し引きでもっておこなわれる期間利益計算をささえる重要な原則であるといえよう。

　なお、収益費用対応の原則における、対応、の意味については、これまで述べてきたような両者の対応関係をもとめる実質的な側面のほか、両者の対応表示をもとめる形式的な側面もある、とする向きもある（また、これらを峻別するため、後者の対応表示をもとめる考え方を「収益費用対応表示の原則」（ないしたんに「対応表示の原則」）と別称するばあいもある）。

## 第2節　測定段階における原則

### 第1項　測定行為

「第1章」に述べられたように，測定は，事物に数を割り当てること，と意義づけられ，したがって，これを敷衍すると，**会計における測定**とは，**会計固有のルールに遵って企業の経営活動に数を割り当てること**，であるといえる。

ただし，ここにおいて測定の対象となる経営活動はそのまえの認識段階において会計のなかに取り込まれたもの，すなわち取引に該るものに限定される。そしてまた，今日の会計にあってはその公準（基本的な前提）のひとつに，会計における測定は貨幣数値をもっておこなわれる，とする貨幣的な測定の公準があった。

したがって，これらを踏まえて換言すれば，会計における測定とは，（取引として認識された）**資産，負債，資本，収益，費用の各項目に貨幣的数値を割り当てること**，であるといえよう。なお，「測定」は，価値を決める，といった意味において「**評価**」と換言されることもある。

### 第2項　資産，負債，および資本の測定

#### ● 資産測定の重要性

会計上，この測定段階においてとくに問題となるのが資産の測定である。資産の測定をかんがえるさい，それが会計のなかに取り込まれたとき（資産として認識されたとき）にどのような額を割り当てるか，という当初認識時の測定がまずは問題となるが，さらに問題となるのが，期末時点で保有している（したがって，翌期に繰り越す）資産にどのような額を割り当てるか，別言すれば，貸借対照表に記載する資産の額をいくらにするか，ということである。

すなわち，資産は一般に保有しているあいだにもその価値は変動しているため，取得時の値段＝期末時点の値段，となるとはかぎらない。これにたい

して，負債は一般に契約によって発行額や返済額が確定しているため，期末時点での測定にかんする問題はとくに生じない（負債についても，みずからの債務返済能力の変化やいわゆる格付けの変化におうじて測定しなおす，という考え方もないわけではないが，これについてはさておくことにする）。また，資本はおもに株主からの払い込み資本と留保利益とからなるが，前者はまさに株主から払い込まれた額によって，後者は期間収益から期間費用を差し引いたもの（残り）として，ともに確定している。さらにいえば，資本は（資産－負債＝資本，という関係をかんがえれば）資産と負債との差であるともみなせることから，これにしたがえば，資産，負債の両者の額が決まることによって，資本の額もおのずと定まることになる。

　さらに，資産測定の重要性を別の観点からみれば，資産のなかには（前節に述べられたように）将来において期間費用となるべく繰り越されてきたもの，すなわち費用性資産もふくまれるが，これについては，当初認識時（取得時）の測定値を基礎として，期間費用になった額とこれにならなかった（したがって，資産として繰り越される）額とが各期末において測定され，配分されることになる。したがって，この費用性資産については，当初認識時と各期末とにおける資産の測定という面だけでなくして，各期間における費用の測定の面においても大きな意義をもつ。

　叙上のような理由から，会計上，測定段階においては資産にかんするそれが肝要視される。

## 🔴 資産の測定基準

　それでは，資産に割り当てることができる額（測定額）にはどのようなものがあるのだろうか。この点について以下にみてゆこう。

　資産の測定をかんがえるばあいにはつぎの観点ないし側面が重要となる。①どの時点の額にもとづくか，②犠牲をあらわす額と成果をあらわす額とのいずれの属性にもとづくか，のふたつである。

　①のどの時点か，というばあいの時点については，さしあたって，過去，現在，および未来というみっつの時点をかんがえることができよう。

また，②の犠牲をあらわす額とは，その資産の購入にさいして支払う額，すなわち，**支出額**，であって，市場という側面からみると，これは購入市場における額とみなせることから，「**購入市場価格**」ないし「**入口市場価格**」とも呼ばれる。他方，成果をあらわす額とは，その資産の売却（ないし使用）にさいして受け取る額，すなわち，**収入額**，であって，市場という側面からみると，これは販売市場における額とみなせることから，「**販売（売却）市場価格**」あるいは「**出口市場価格**」とも呼ばれる。

　この①および②の観点（①の過去，現在，および未来のみっつの時点，②の犠牲（支出）と成果（収入）とのふたつの属性）から，今日一般に資産の測定値ないし測定基準として挙げられているものを整理すると，以下の表のようになろう。

| 属性(市場) ＼ 時点 | 過去 | 現在 | 未来 |
|---|---|---|---|
| 犠牲（支出）額<br>（購入市場価格） | 取得原価 | 現在原価 |  |
| 成果（収入）額<br>（販売市場価格） |  | 売却時価 | 割引現在価値 |

　**取得原価**とは，逐語的にいえば，資産の取得に要した原価，のことであるが，いま少し具体的にいえば，資産を取得するために投下（支出）された額，のことである。取得原価は資産を取得したその時点においてはもちろん，現在の価格をあらわしているが，その後の決算時においては過去の価格をあらわすことになる。したがって，これは，過去の購入市場における価格，といえよう。過去の取引といういわば歴史的事象において支払われた額（原価），という意味において，取得原価は「**歴史的原価**」と呼ばれることもある。　　　　　　　　　　　　　　　　◆編者註23

　**現在原価**とは，これまた逐語的にいえば，現在における原価，のことであ

るが，より具体的には，保有する資産を現時点であらためて購入した（取り替えた）ばあいに要する支出額，のことである。したがって，これは，現在の購入市場における価格，といえよう。現在原価は，叙上のように資産の再調達ないし取り替えを仮定していることから，「再調達原価」ないし「取替原価」と呼ばれることもある。

現在原価は，犠牲をあらわす支出額（購入市場価格）の系統に属する，という点では取得原価と同じであるが，現在の犠牲（支出額）をあらわす，という点でこれと異なる。

売却時価とは，文字どおり，現在の売却（販売）市場における価格，のことであって，したがって，これは，現在の収入額，をもって資産を測定することを意味する。なお，「現在の収入額」というばあいには，売却額それ自体ではなくして，売却にかかる附随費用（手数料や処理費用など）を差し引いた正味の額を意味することが多い。これをもって，売却時価は「正味実現可能価額」や「正味売却価格」と呼ばれることもある。

売却時価は，現在時点での価値をあらわす，という点で現在原価と共通し，また，過去時点での価値をあらわす取得原価と対置される。他方，成果ないし収入額の系統に属する，という点で犠牲ないし支出額にもとづく取得原価および現在原価と対置される。

「割引現在価値」は一般に「将来キャッシュ・フロウの割引現在価値」を短縮した呼称であって（さらに短縮して「割引現価」と呼ぶこともある），これは，保有する資産によって獲得が見込まれる将来の現金収入額（キャッシュ・

> 編者註23 「過去の取引といういわば歴史的事象において支払われた額」と本章にいわれる歴史的原価（取得原価）数値については，客観性のある数値であること，がその特長とされる。この，客観性，には，①売り手と買い手との取引関係において客観的に極められた数値，という意味と，②過去の事実のなかに客観的に存在する数値（過去の事実にもとづく客観的な数値），という意味とがある。

フロウ）を一定の利子率（割引率）で割り引いて計算される額，を意味する。したがって，割引現在価値は，将来の収入額を基礎にした測定額，といえる。また，将来の現金収入額（キャッシュ・フロウ）とこれを割り引く利子率とが企業の主観的な判断によることから，「**主観価値**」と呼ばれたり，将来の現金収入額（キャッシュ・フロウ）が一般に資産の使用によって得られることから，「**使用価値**」と呼ばれたりすることもある。

　割引現在価値の算定にあたっては，上記のように，将来の現金収入額（キャッシュ・フロウ）の見積もりと割引率の決定とが必要になるが，これらは企業の主観的判断に依拠するところが大きい。したがって，たとい同一の資産についてであっても，割引現在価値を計算する過程および結果としての額は異なるばあいがある。

　割引現在価値は，成果ないし収入額の系統に属する，という点で売却時価と共通するものの，将来時点での価値にもとづく，という点でこれと異なる。また，もちろん，取得原価および現在原価とは時点と額の属性との両面で異なる。

　上述の取得原価，現在原価，売却時価，および割引現在価値のよっつが今日一般的な資産の測定基準とみなされているものであるが，これらをさらに**原価**と**時価**とのふたつに類型化して対比することがある。ただし，この原価と時価との類型化にはふたとおりの方法ないし思考があることに留意しなければならない。すなわち，そのひとつは，過去時点における額たる，取得原価，を，原価，とし，現在および将来時点の額たる，現在原価，売却時価，割引現在価値，を，時価，とする方法ないし思考，であって，また，いまひとつは，犠牲額系統に属する，取得原価，現在原価，を，原価，とし，成果額系統に属する，売却時価，割引現在価値，を，時価，とする方法ないし思考，である。

　ときに，制度においては，このよっつ以外の測定基準ももちいられ，あるいは認められている。たとえば，後述されるように，（売掛金，受取手形，未収金といった）金銭債権の測定においては，利息相当額を客観的に区別する

ことが困難であるといった理由から，割り引きをおこなわない**将来の収入額**（割引前の将来キャッシュ・フロウ）がもちいられている。また，（商品や製品といった）棚卸資産の期末時点の測定においては，**取得原価と時価（現在原価ないし売却時価）とのいずれか低いほうの額**で測定する「**低価基準**」と呼ばれる複合的な測定基準をもちいることも認められている（ただし，この低価基準は，これまでにしめされた一般的な測定基準を一定のルールに遵って選択する基準であって，これ自身は測定尺度をもたない。それゆえ，これをこれまでにしめされた諸基準と同等にあつかうのは謬りである）。

### 🔴 現行会計における資産の測定

　叙上のように，今日においてはいくつかの（いくつもの）価値ないし額が資産の測定基礎として認知されている。

　観念的には，これらの測定基準のなかからひとつを選び，現金をのぞくすべての資産にそれを適用する（現金は，いわば測定尺度となる貨幣それ自体であるため，その券面額ないし表示額がそのまま測定額となる）ことは（その是非はさておき）もちろん，可能である。（現金をのぞく）すべての資産について取得原価をもって測定する会計の枠組みはたとえば「**取得原価（主義）会計**」と名づけることができようし，また，すべての資産についてなんらかの時価（割引現在価値をふくむ）をもって測定する枠組みはたとえば「**時価（主義）会計**」と名づけることができよう。事実，会計理論においても，実践されている会計を合理的に説明するため，あるいは会計を規範的に規定するため，叙上のような測定面からみた統合的な会計構造の提示が数多くなされてきており，その枚挙に遑がない。　◆編者註24

　他方，今日の（現実社会における）会計制度に目を向けてみると，資産の測定をひとつの基準をもってするといった会計の枠組みはとられていないといえよう。ただし，「今日の」と述べたように，会計制度においても，ひとつの測定基準をすべての資産に適用することはむろん，可能であるし，事実，歴史を振り返ると，そのような会計がおこなわれていたこともある。すなわち，中世の当座企業が終焉し，継続企業がおこなわれるようになってきたと

きに出現したいわゆる売却時価主義会計である。当時の企業は，継続企業とはいっても，短期間で倒産してしまうものも少なくなかったため，企業が倒産し，清算されたばあいにどのくらいの資金を回収できるか，という換金価値が重視され，したがって，そこでおこなわれる会計も資産の清算価値，すなわち売却時価にもとづくそれであった。

　しかし，上述のような継続企業の継続性に一般性をみない時代とは異なり，継続企業の前提が一般性をもち，また，多種多様な資産を保有する今日の企業における会計にあっては，資産をひとつの基準をもって測定するといった意味での統一的な原則はなく，それぞれの資産の性質に依拠して，いくつかの異なる測定基準が適用されている。

　そして，今日の資産の測定規約にかんするもっとも一般的な理解は，企業資本の流れ（そのもっとも単純な図式は，金→もの（サーヴィス）→金，という

---

**編者註24**　確かに測定面からみた統合的な会計構造の提示は枚挙に遑がないが，そうした会計構造のうち，代表的なものを整理してみると，以下のようになる（それぞれの説明は割愛）。

▶ 歴史的原価会計（ヒストリカル・コスト・アカウンティング）（HCA）（ないし取得原価会計）
▶ 時価会計（ないし物価変動会計）
　▷ 一般物価変動会計（ないし一般物価水準会計（ジェネラル・プライス・レヴェル・アカウンティング）（GPLA）ないし貨幣価値変動会計）
　▷ 個別価格変動会計
　　現在原価会計（カレント・コスト・アカウンティング）（CCA）
　　取替原価会計（リプレイスメント・コスト・アカウンティング）（RCA）（ないし実際取替原価会計）
　　取替価値会計
　　売却時価会計
▶ 割引現在価値会計

　なお，割引現在価値会計は一般には時価会計の範疇にふくめられようが，編者とすれば，割引現在価値をもって，時価，とすること，したがってまた，割引現在価値会計をもって，時価会計，とすること，に躊躇いがある。

循環である）にもとづいて，資産はこれが貨幣性資産（資本の回収ないし投下待機過程にあるもの）と費用性資産（資本の投下過程にあるもの。「非貨幣性資産」と呼ばれることもある）とのふたつに分類され，それぞれの性質に依拠して測定基準が決定される，というものであろう。◆編者註25

　すなわち，貨幣性資産のうち，貨幣それ自体をあらわす現金については券面額ないし表示額（これは前述のすべての時点および属性をふくむものであるとみなせる）で測定され，売掛金や受取手形といった回収過程にある資産は，過去に収益を獲得したことによって将来に現金収入がもたらされる筋合いにあるため，割引現在価値や（割り引かない）将来の収入額で測定される（理論的には，将来において生ずる利息相当分を控除した割引現在価値が妥当であるが，前述のように，利息相当分が客観的に区別できないばあいには将来の収入額それ自体で測定される）。これにたいして，費用性資産は，将来の収益獲得のために過去に現金支出がなされた筋合いにあるため，取得原価（過去の支出額）で測定されることになる。なお，既述のように，費用性資産は，その販売ないし使用によって費用となる（将来において費用化する）性質をもつ資産であることから，資産の測定のみならず，費用の測定にも密接に関係することになる。

　ただし，このような，貨幣性資産と費用性資産と，という分類にもとづく測定において問題となるのが，（売上債権以外の）いわゆる金融資産の測定である。なかでも他社の株式や社債を典型とする有価証券は（前節に述べられたように）これを貨幣性資産とみなす立場もあれば，費用性資産とみなす立場もある。したがって，その測定も，貨幣性資産とみなす立場にあっては券面額ないし将来収入額によることになろうし，他方，費用性資産とみなす立場にあっては取得原価によることになろう。

　このように金融資産の測定については見解の相違がみられるが，日本にお

> **編者註25** ただし，これはあくまでも，もっとも一般的な理解，ということであって，是非はさておく。

いては1999年に**金融商品に係る会計基準**が公表され，これによって，有価証券の一部（いわゆる売買目的有価証券およびその他有価証券）については，それまで（企業会計原則において）取得原価が原則とされてきたその測定が各期末における時価（一般的には売却時価。取替原価ないし割引現在価値のばあいもある）による測定にあらためられるにいたった。

　上述の金融資産の一部にかんする時価測定の制度化，そしてまた，そもそもの近年における金融，証券経済の発達をその背景として，金融資産の測定をめぐるさらなる議論が今日においてもなされている。とりわけ，貨幣性資産と費用性資産と（ないし，貨幣性資産と非貨幣性資産と），という資産の分類を金融資産にそのまま当てはめて，その測定を論ずることについて，あるいはこのような分類方法それ自体について疑念が呈されるようになっている。

　今日の会計理論ないし会計学にあっては，デリヴァティヴなどの新たな金融取引をふくめた金融資産の測定，さらには資産全般の測定にかんする理論的枠組みをどのようにとらえるか，がひとつの重要な課題となっている。

### 第3項　収益および費用の測定

#### ● 収支額基準

　収益とは企業の経営活動の成果であって，成果は終極的には収入となってあらわれる。換言すれば，収益はすべて収入をもたらす。したがって，収益の測定基礎はこの収入額にあるとかんがえることができる。

　他方，費用とは成果（収益）を得るために払った犠牲ないし努力であって，犠牲ないし努力は終極的には支出となってあらわれる。換言すれば，費用はすべて支出をもたらす。したがって，費用の測定基礎はこの支出額にあるとかんがえることができる。

　このような，収益ないし費用を収入額ないし支出額にもとづいて測定する考え方を「**収支額基準**」という（収益の測定にかんする基準をとくに「**収入額基準**」といい，費用の測定にかんする基準をとくに「**支出額基準**」という）。これら収入額や支出額は，企業外部との実際の取引にもとづいた額であることが

一般的であることから,「取引価額主義(基準)」と呼ばれることもある。
　今日の会計にあって収益および費用の測定は如上の収支額基準ないし取引価額主義をその原則としている。

### ● 収益の測定

　直上に述べられたように，収益はすべて収入をもたらす(ただし，ここに留意すべきは，収入はすべて収益をもたらすとはかぎらない，ということである。たとえば株式の発行などによる資本の調達，資金の借り入れ，貸付金の回収などは，収入ではあっても，収益をもたらすものではない)。したがって，ある時点で(ある期間において)認識された収益は収入額にもとづいて測定されることになる。そして，この期間収益の測定値としてもちいられる収入額としては，①その期間の収入額，②過去の期間の収入額，③将来の期間の収入額，のみっつがある。これはすなわち，収益と収入との期間的一致はかならずしももとめられない(期間的なずれが生ずることもある)ことを意味する。このことは今日の会計が現金主義会計ではないことをしめしている(現金主義会計にあっては①しかありえない)。

　では，収益の測定基礎となるこの3種類の収入額はそれぞれどのようなばあいにその期間の収益と結びつくのであろうか。

　まず，①の，その期間の収入額がその期間の収益となるばあい，については，商品や製品の販売(ないしサーヴィスの提供)をおこない，その対価を即時に現金で受け取ったばあい(いわゆる現金取引)がその典型例として挙げられる。もちろん，信用取引による収益であっても，その期間内に対価の回収が可能なばあいにはこのタイプに属することになる。

　ついで②の，過去の期間の収入額がその期間の収益となるばあい，の具体例としては前受収益が挙げられる。ここに前受収益とは，一定の契約にもとづいて継続的なサーヴィスを提供するさい，すでに対価は受け取ったが，いまだサーヴィスの提供を(一部ないし全部)おこなっていないばあいの未提供のサーヴィスに相当する額，のことである。予約金や手付金を受け取ったのちに商品や製品を販売したばあいもこれに該当する。

さらに，③の，将来の期間の収入額がその期間の収益となるばあい，の具体例としては（対価の回収が次期以降になるばあいの）信用取引による収益や未収収益が挙げられる。ここに未収収益とは，一定の契約にもとづいて継続的なサーヴィスを提供するさい，すでにサーヴィスは提供したが，いまだ対価（の一部ないし全部）を受け取っていないばあいのすでに提供したサーヴィスに相当する額，のことである。既述のように，収益は実現主義にもとづいて，すなわち，その確実性，客観性が確保された時点で認識される。したがって，たとい収益によってもたらされる現金の収入が将来の期間になっても，その額は確定していることから，これを測定額としてもちいても問題とはならない。

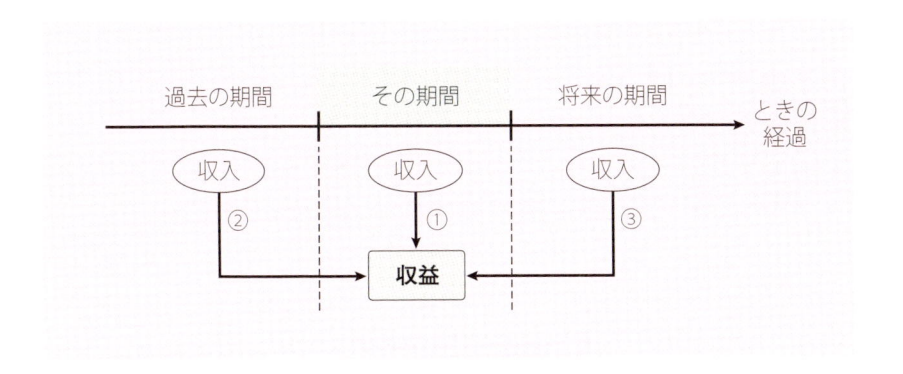

### ● 費用の測定

収益はすべて収入をもたらす一方，費用はすべて支出をもたらす（ただし，ここでも留意すべきは，支出はすべて費用をもたらすとはかぎらない，ということである。たとえば資本の払い戻し，借入金の返済，資金の貸し付けなどは，支出ではあっても，費用をもたらすものではない）。

また，収益の測定が収入額にもとづいておこなわれるのにたいして，費用の測定は**支出額**にもとづいておこなわれる。そのばあい，その期間の費用となる支出額には，前述の収益の測定における収入額と同様，①**その期間の支**

出額，だけではなく，②過去の期間の支出額，および，③将来の期間の支出額，もふくまれる。

　なお，既述のように，費用は発生主義にもとづいて認識されるが，それがそのままただちに期間費用となるわけではない。すなわち，さらに，収益費用対応の原則にもとづいて，発生した費用のなかからその期間に認識された収益と対応する部分のみが期間費用として抜き出され，残りの部分は将来の収益と対応させられるべく，資産として次期以降に繰り延べられる。したがって，測定段階においても，支出額にもとづいて測定された額が，その期間の費用となる額，と，次期以降に資産として繰り延べられる額，と，さらには，それ以前の期間に費用となった額（原因事実の発生のばあい），とに配分される必要がある。このように，（収益との対応関係を考慮して）支出額を一定の方法によって期間配分する考え方を「費用配分の原則」という。

　では，費用の測定基礎となる上述の3種類の支出額はそれぞれどのようなばあいに期間費用となる（どのように費用配分される）のであろうか。

　まず，①の，その期間の支出額がその期間の費用となるばあい，は支出によって取得されたものが即時的に費消され，消滅する性質をもつばあいであって，具体的には（管理部門の従業員の）給料や広告宣伝費，光熱費，運送費など，各種サーヴィスにたいする支出額が挙げられる。ただし，製造工程において費消されるサーヴィス（たとえば工場の従業員の給料など）は，その費消の事実（発生主義）にもとづいて費用が認識されるものの，ただちにそれが期間費用となるわけではない（販売されるまでは製品原価や仕掛品原価を構成する）ことに留意しなければならない。

　ついで②の，過去の期間の支出額がその期間の費用となるばあい，の具体例としては費用性資産（将来において費用となる性質をもつ資産）の費用化，すなわち資産の取得に要した支出額（取得原価）の費用配分が挙げられる。多くの資産が（理論上の分類たる）費用性資産にふくまれるが，一般的な貸借対照表の表示上の分類にもとづけば（表示上の分類の詳細は「第6章」に述べられる），棚卸資産，有形固定資産，無形固定資産，繰延資産といった

ものが挙げられる。ただし，これらは費用化の方法ないし様態がそれぞれ異なる点に留意しなければならない。

商品，製品，仕掛品などの棚卸資産は最終的には販売されることによって費用化される。これらは，いずれも物理的（数量的）な減少をともなうことから，帳簿記録ないし実地棚卸しによって減少数量を把捉し，これに個別法，口別法（先入先出法や後入先出法），平均法といった方法によって算定された単価を乗ずることによって費用となる額が定まる。

備品，建物，機械設備などの有形固定資産（物理的な形があり，かつ，使用を目的に長期間にわたって保有する資産）は，その使用ないし経年による陳腐化などによって，漸次，経済的な価値が減少する。ただし，そのような価値の減少を把握することは事実上，不可能である。それゆえ，資産の取得に要した支出額たる取得原価が，一定の規則的な方法をもって，耐用期間（その資産が（物理的にではなくして）経済的にもつとおもわれる期間）にわたって費用として配分される。これを「減価償却」という。なお，厳密にいえば，こうした資産は，耐用期間が終了したときであっても，いくらかの処分価値（残存価値）があることが一般的であることから，取得原価から残存価値を差し引いたものが費用化の対象額となる。そして，この額が，定額法，定率法，級数法といった方法のいずれかをもって，各期間に費用として配分されることになる。

商標権や特許権などの無形固定資産は，その保有ないし利用によって，漸次，経済的な価値が減少する。ただし，そのような価値の減少を把握することは（有形固定資産のばあいと同様）事実上，不可能であるため，規則的な償却の手続きによる費用化がはかられる。ただし，無形固定資産は，（有形固定資産とは異なり）実体的価値をもつものではなく，その費用化もあくまで投下資本を回収する手続きにすぎないため，その残存価値は0であるし，また，その効果が発現すると期待される期間に均等に配分されることになる。それゆえ，無形固定資産の費用化は，有形固定資産のばあいの「減価償却」と区別して，「償却」ないし「済し崩し償却」と呼ばれる。

さらに，③の，将来の期間の支出額がその期間の費用となるばあい，は，いまだなされていない将来の支出額が配分されるといった意味で，広い意味での費用配分の一形体であって，未払費用や負債性引当金の計上がその例として挙げられる。ここに未払費用とは，一定の契約にもとづいて継続的なサーヴィスの提供を受けているさい，すでにサーヴィスを受けたものの，その対価（の一部ないし全部）を支払っていないばあいの費消済みのサーヴィスに相当する額，のことである。また，負債性引当金は，前述のように，将来における支出の原因事実の発生にもとづいて認識されるものである。

　この将来の支出額は，契約によって確定しているばあいはもちろんのこと，未確定のばあいであっても（さらには，支出それ自体が未確定であっても），将来の支出の原因事実が当期において生じていれば，その予想支出額がその期間の費用として計上されることになる。

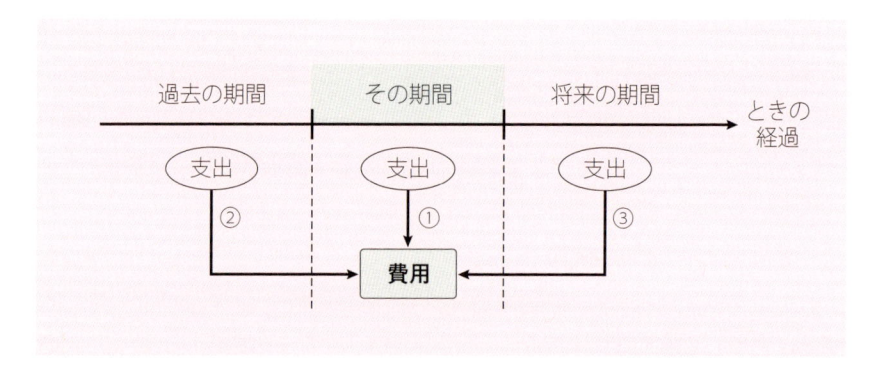

## 第3節　伝達段階における原則

### 第1項　伝達行為

「第1章」に述べられたように，伝達とは，伝えること，であるが，もちろん，そこには伝えられるものがなければならない。会計において伝えられるものは会計情報であって，これは（これまで本章に述べられたように）企業の経営活動が認識され，測定されたことによってもたらされたものをもって構成される。すなわち，取引，として（資産，負債，資本，収益，費用の各項目をもって）会計に取り込まれた企業の経営活動に貨幣数値が附与されたものにもとづいて会計情報は作成されるのである。

そして，この会計情報は，（財務会計にあっては）財務諸表という形でもって，特定の利害関係者ないし広く一般に向けて伝達される。

したがって，これらを敷衍すれば，**会計における伝達**とは，（取引として認識され，貨幣数値をもって測定された）**資産，負債，資本，収益，費用の各項目を（主として）財務諸表という形体にまとめ，もって企業の活動情況を利害関係者に告げ知らせること**，であるといえよう。

### 第2項　明瞭性の原則

会計情報の伝達段階における原則として重要な地位を占めるのが**明瞭性の原則**である。「第4章」に述べられたように，明瞭性の原則は一般原則を構成する原則のひとつであって，企業活動にかんする会計上の事実を明瞭に表示することによって，財務諸表利用者の判断を謬らせないようにしなければならない，とするものである。会計情報は（前項に述べられたように）財務諸表という形でもって伝達されるが，その財務諸表の表示方法やその様式にかんする諸規約を総括する基本原則が明瞭性の原則であるといえよう。

財務諸表において明瞭表示をおこなうにあたっては，まず，そこに記載される内容を吟味する必要がある。記載される内容は，原則として，その期間に生じた（認識，測定された）すべての取引の記録および計算結果を網羅し

たものでなければならないが，過度の詳細表示はかえって情報利用者の理解を妨げることにもなりかねない◆編者註26。それゆえ，財務諸表の記載内容にあっては項目および金額の**重要性**を吟味し，これを決定する必要がある。ただし，その判断のよりどころとなる重要性については，一般に，ふたつの側面があるとされる。

　すなわち，（記録計算結果としての）項目ないし金額のうち，重要性の高いものについてはとくに厳密な表示ないし明確に区分した表示が要請される，とするものがそのひとつである。たとえば企業の資本構成に重要な影響をおよぼす自己株式を他の資本項目と明確に区分して表示したり，企業内部者との金銭貸借関係を明らかにするために従業員貸付金や役員借入金といった特別の項目をもって表示したりすることがその例として挙げられよう。

　いまひとつは，項目ないし金額のうち，重要性の乏しいものについては財務諸表の記載を省略する，あるいは簡略な表示が容認される，とするものである。たとえば取引の規模や額が相対的に小さいと認められるばあいの消耗品の処理および表示については，これを買い入れた時点ないし払い出した時点で，費用として，あるいは他の同質項目と一括して処理および表示することもできる。このふたつめの側面からすれば，処理ないし表示の厳密性が緩和されることになるが，あくまでも，こうしたことは（伝達にかかわる基本原則たる）明瞭性の原則の本来の趣旨を妨げない範囲内において許容されるものであって，情報利用者の意思決定に資するといった観点から重要性の判断がなされなければならない。

　このように財務諸表において明瞭表示をおこなうにあたって，まずは，その記載内容が重要性の観点から吟味され，この吟味された内容をもって実際に財務諸表がしめされることになるが，そのさいにも，これをたんに羅列するだけでは充分ではない。そこには，情報利用者に理解可能な様式で伝達される，といった意味での**概観性**がもとめられる。すなわち，今日，情報利用

---

**編者註26**　編者註17（「第4章」）をみよ。

者として一般に想定されるのは企業外部の利害関係者であって，そのおもな利用目的は企業の財務情況や経営成績といったものの総括的な把握にあるが，前述のように，記録計算結果の過度の詳細表示はかえって情報利用者の理解を妨げることにもなりかねない。それゆえ，財務諸表の伝達様式においては，詳細性よりも，むしろ情報利用者の分析に必要な諸項目を総括的に表示する概観性こそがもとめられるのである。

　本項の冒頭に述べられたように，明瞭性の原則は会計情報の伝達，とりわけ財務諸表における表示にかんする基本理念をしめすものとしてこれを位置づけることができるが，この明瞭性を実質的に規定するのが如上の重要性，概観性というふたつの観点ないし要因であるといえよう。さらに，この実質的な規定要因にもとづいて，明瞭性の原則の理念を達成すべく，（次項に述べられるような）より具体的な財務諸表の表示方法および様式にかんする規約が設けられている。

## 第3項　明瞭表示のための具体的な規約

### ● 総額主義

　既述のように，会計においては企業の経営活動が貨幣数値をもって測定される。したがって，これらを集計した財務諸表における諸項目も貨幣による測定値，すなわち金額を附与され，表示されることとなる。この財務諸表に記載される諸項目の金額表示については，一般に，純額主義と総額主義とのふたつの考え方があるとされる。

　**純額主義**とは，直接的な対応関係にある項目同士ないし同質的な取引に分類される項目同士を相殺し，その差額を表示するという考え方，である。これにたいして，**総額主義**とは，直接的な対応関係ないし取引の同質性を有する項目間においても，それらを相殺せず，それぞれを独立に記載したり，あるいは差額だけではなく，その計算過程や内訳なども併せて表示したりするという考え方，である。

　これらふたつの考え方のうち，今日の会計制度にあっては後者，すなわ

ち総額主義が採用されている。（純額主義にもとづいて）諸項目を相殺すると，取引の一部が財務諸表には記載されなくなることから，取引の規模といったものがありのままにしめされず，したがって，会計情報利用者の分析や判断を謬らせかねないからである。

それゆえ，損益計算書の表示にあっては，たとえば直接的な対応関係にある売上高と売上原価とを相殺して売上総利益（ないし売上総損失）の額のみを記載したり，金融取引の結果として生ずるという点で同質性をもつ受取利息と支払利息とを相殺してその差額のみを記載したりすることは認められない。これと同様，貸借対照表の表示にあっても，たとえば売掛金と買掛金と，あるいは貸付金と借入金と，といった同質性をもつ債権と債務とを相殺してその差額を記載することは認められないことになる。

なお，損益計算書に売上原価の内訳を記載したり，貸借対照表に（金銭債権にたいする）貸倒引当金や（特定の固定資産にたいする）減価償却累計額をいわゆる間接控除形式で記載したりすることも総額主義の適用例とみなされている。

## 🔴 区分表示

今日の企業の経営活動ないしそこでおこなわれる取引は規模が大きく，また，質的にも多様化している。そのため，経営活動ないし取引の量的，質的な情況にかんする情報利用者の理解を援けるべく，財務諸表に記載される**諸項目をその源泉や性質別に分類し，区分表示すること**がおこなわれる。

既述のように，貸借対照表における基礎概念には，資産，負債，資本，のみっつがあるが，その表示形式においても，このみっつの区分，すなわち，資産の部，負債の部，資本（純資産）の部，という区分がまずもってなされる。ついで，資産の部の諸項目は，財務的な流動性の程度ないし有無の観点から，**流動資産，固定資産，繰延資産**，に区分される（固定資産についてはさらに，有形固定資産，無形固定資産，投資その他の資産，のみっつに細分される）。負債の部も，資産の部と同様，財務的な流動性の観点から，**流動負債，固定負債**，に区分される。

叙上のように，財務的な流動性の観点から，資産，負債の諸項目を流動項目（流動資産および流動負債）と固定項目（固定資産および固定負債）とに区分するための具体的な基準としてもちいられるのが，正常営業循環基準，および，1年基準，のふたつの基準である。正常営業循環基準とは，企業の正常な（通常の）営業循環の過程において生じた資産，負債項目を流動資産，流動負債として分類する考え方，である（正常な営業循環とは，商業を営む企業のばあいには，商品の購入→商品の販売→代金の回収→商品の再購入，といった循環，また，メイカーのばあいには，原材料の購入→原材料の加工による製品の生産→製品の販売→代金の回収→原材料の再購入，といった循環，のことである）。他方，1年基準とは，決算日の翌日から起算して1年以内に解消される資産，負債項目を流動資産，流動負債とし，これ以外のものを固定資産，固定負債として分類する考え方，である（ここにいう解消とは，資産項目については現金化ないし費用化されること，また，負債項目については返済期限が到来すること，である）。このふたつの基準のうち，まずは正常営業循環基準による分類がおこなわれ，これによって流動項目に該当しなかったものが，ついで1年基準によって，流動項目と固定項目とに分類される。

**貸借対照表**

| 資産の部 | 負債の部 |
|---|---|
| 流動資産 | 流動負債 |
| 固定資産 | 固定負債 |
| 　有形固定資産 | 資本の部 |
| 　無形固定資産 | 株主資本 |
| 　投資その他の資産 | 　資本金 |
| 繰延資産 | 　資本剰余金 |
| | 　利益剰余金 |
| | 評価，換算差額等 |
| | 新株予約権 |

資産の部および負債の部が財務的な流動性の観点から区分されたのにたいして，資本（純資産）の部は，いわば取引源泉の違いにもとづいて，**株主資本，評価，換算差額等，新株予約権**，に区分される（株主資本についてはさらに，資本金，資本剰余金，利益剰余金，のみっつに細分される）。

　こうした貸借対照表上の区分表示によって（貸借対照表の詳細な区分および表示内容については「第6章」に述べられる），会計情報利用者は，たとえば流動比率や固定比率といった比率をもとめて財務的な安全性を分析するなどして（財務諸表分析および具体的な比率の内容については「第10章」に述べられる），その企業の財務情況を把握することができる。

　他方，損益計算書における基礎概念には，収益，費用，のふたつがあるが，その表示においては，一般に，収益と費用とが，発生源泉の違いにおうじて，それぞれみっつのカテゴリィに分類され，区分表示される。そして，それぞれの区分において損益計算がおこなわれ，算定された利益（ないし損失）額が段階的に表示されることになる。このような損益計算書を「**区分損益計算書**」という。

　区分損益計算書における表示上，収益および費用は，発生源泉の違い（どのような活動の結果として生じたか）におうじて，①主たる営業活動（いわゆる本業）の結果として生じたもの，②主たる営業活動以外の経常的な活動の結果として生じたもの，③臨時的な活動や事象の結果として生じたもの，のみっつにそれぞれ分類される。

　すなわち，その期間に認識された収益およびこれに対応する費用は，まず，経常的な（通常の経営活動において反復的に生ずる）ものか否かという観点から，経常的なもの（経常収益および経常費用）と，非経常的なもの（**特別利益**および**特別損失**（③））とに分けられる。さらに，前者（経常収益および経常費用）は，企業の主たる営業活動（本業）によるものか否かという観点から，主たる営業活動によるもの（**営業収益**および**営業費用**（①））と，それ以外の活動によるもの（**営業外収益**および**営業外費用**（②））とに分けられる。

　叙上のように分類された収益と費用とは，営業損益計算，経常損益計算，

## 損益計算書

**営業損益計算**
- 売上高
- 売上原価
- **売上総利益**
- 販売費および一般管理費
- **営業利益**

**経常損益計算**
- 営業外収益
- 営業外費用
- **経常利益**

**純損益計算**
- 特別利益
- 特別損失
- **税引前当期純利益**
- 法人税，住民税および事業税
- 法人税等調整額
- **当期純利益**

純損益計算，というみっつの区分においてそれぞれ対応表示され，これにもとづいて段階的に利益（ないし損失）額が算定，表示される。

最初の区分，すなわち営業損益計算の区分では，本業から得られた収益たる営業収益（売上）と，これに対応する（因果関係をもつ）営業費用（売上原価および一般管理費）とがしめされ，これらの差額として営業利益（ないし損失）が表示される。

ふたつめの区分，すなわち経常損益計算の区分では，本業以外の経常的な活動（主として金融，投資などの財務活動）から生じた収益および費用たる営業外収益と営業外費用とがしめされ，最初の区分で算定された営業利益（ないし損失）にこれらを加減することによって，経常利益（ないし損失）が表示される。

みっつめの区分，すなわち純損益計算の区分では，臨時的な活動や事象から生じた損益たる特別利益と特別損失とがしめされ，これらをふたつめの区分で算定された経常利益（ないし損失）に加減することによって，税引前

当期利益がしめされる。さらに，この税引前当期利益から法人税，住民税，および事業税が控除され（これらの税金については，費用であるとする説，と，（収益から費用を差し引いたのちの）利益の処分であるとする説，とのふたつがあるが，この点はさておく），当期純利益が表示される。

こうした損益計算書における区分表示によって（損益計算書の詳細な区分および表示内容については「第7章」に述べられる），会計情報利用者は，収益および費用の性質および額を的確に把握することが可能となるだけではなく，たとえば売上に占める各種利益の比率をもとめるなどして（こうした比率，すなわち売上高営業利益率や売上高経常利益率などについては「第10章」に述べられる），その企業の本業ないし（財務活動をふくめた）経常的な活動における収益性や効率性を分析し，みずからの意思決定に役立てることが可能となる。

このように，財務諸表における区分表示は情報利用者が企業の経営活動の実態を把捉し，その適否を分析，評価し，今後のみずからの行動ないし意思を決定するうえで大きな援けとなるものであるといえよう。

### ● 補足的な情報提供

貸借対照表や損益計算書といった主要な財務諸表（ないしその本体）においては，前述のように，情報利用者が企業の経営情況を総括的に把握することを可能とするために概観性がもとめられる。そのため，個別の項目について，その企業独自の情況が存在するばあいのその事実，あるいはその期間内（期中）における額の変動情況といった詳細な情報はしめされない。しかしながら，そのような情報についても，前述の重要性ないし情報利用者の意思決定の支援という観点からは，重要性ないし有用性が認められるものが存在する。そこで，主要な財務諸表（ないしその本体）のよりよい理解に資する情報や企業の情況を判断するうえで必要なその他の重要な情報は，主要な財務諸表（ないしその本体）以外において，これを補う形で提供される。そのさいの形体は，①主要な財務諸表への註記（ないし主要な財務諸表における脚註）としてなされる情報提供，②補助的な財務表の作成による情報提供，の

ふたつに大別することができよう。

　①の，主要な財務諸表への註記（ないし主要な財務諸表における脚註）として提供される情報，の典型例としては，重要な会計方針，および，重要な後発事象，にかんするそれが挙げられる。

　今日の会計にあっては，取引の会計処理および表示（認識，測定，および伝達）にあたって，業種や業態ごとにその環境や情況が異なることを考慮して，複数の会計処理ないし表示方法（原則）のなかから，その企業にとってもっとも妥当とかんがえられる方法（原則）を選択し，適用することが認められている。この，その企業において選択，採用された会計処理ないし表示方法（原則），を「会計方針」という。

　財務諸表の本体にしめされる項目および数値は各企業の会計方針によって得られた，結果，でしかない。結果のみでは，その数値の前提となる特定の事象やその数値にいたった経緯などを知ることができず，したがって，その企業の経営活動を適切に評価，判断したり，あるいは複数の企業間での比較分析をおこなったりすることもできない。また，会計方針は（「第3章」に述べられた継続性の原則によって）正当な理由がないかぎり，その変更は認められないが，これが正当な理由によって変更されたばあい，その事実がしめされなければ，同一企業についての時系列的な（期間）比較分析をおこなうことも不可能となる。したがって，財務諸表の本体にしめされる情報が利用者によって適切に判断されるべく，あるいはその理解を促進すべく，この情報の背景となる会計方針にかんする情報の提供が必要とされるのである。

　他方，後発事象とは，決算日後，財務諸表を作成する日までに生じ，かつ，次期以降の企業の経営情況に影響をおよぼすとかんがえられる事象，のことである。例としては，この期間における天災（火災，地震など）による損害の発生や係争事件（損害賠償裁判など）の発生ないし解決などが挙げられる。後発事象は，文字どおり，財務諸表の作成後に発生した事柄であることから，財務諸表の本体にしめされる会計情報とは直接の関係はもたないものの，これにかんする情報提供は企業の情況を判断するうえで有用かつタイムリィな

ものであるといえる。

　叙上の会計方針や後発事象のほか，**1株あたり当期純利益**といった個別的に重要とみなされる事項についても註記がなされることとなる。

　こうした註記事項の記載方法については，主要な財務諸表それぞれに関連する各事項をその本体につづけて**脚註**という形で記載する方法（財務諸表別の記載）と，すべての註記事項を一括して主要財務諸表のあとに記載する，あるいは**註記表**という一覧表を主要財務諸表とは別に作成する方法（一括記載）とのふたつの方法がある（会社法においては注記表の作成がもとめられている）。

　情報利用者の意思決定を援けるような重要な項目についての情報提供には，上述のような主要な財務諸表への註記（①）のみならず，補助的な財務表（書類）の作成（②）をもってなされるものもある。この補助的な財務表（書類）の代表的なものが，附属明細書類，および，株主資本等変動計算書，である。

　まず，**附属明細書類**とは，貸借対照表や損益計算書においてしめされる特定の（重要とみなされる）項目について，期首の在り高，期中の増減高，期末の在り高といった金額の変動の明細をしめした財務表，であって，財務諸表の本体における情報の補足情報を提供するものである。なお，附属明細書類は会社法（会社計算規則）においては「（計算書類）附属明細書」と呼ばれるのにたいして，金融商品取引法（財務諸表等規則）においては「（財務諸表）附属明細表」と呼ばれる。

　附属明細書類の具体例として引当金明細表の例を次頁にしめしておこう。

**引当金明細表**

(単位 万円)

| 区分 | 前期末残高 | 当期増加額 | 当期減少額 目的使用 | 当期減少額 その他 | 期末残高 | 摘要 |
|---|---|---|---|---|---|---|
| 貸倒引当金 | 620 | 500 | 470 | | 650 | |
| 修繕引当金 | 1,200 | 400 | 1,200 | | 400 | |
| 製品保証引当金 | 320 | 390 | 360 | | 350 | |
| 退職給付引当金 | 7,530 | 590 | 480 | | 7,640 | |

また，**株主資本等変動計算書**とは，資本（純資産）の各項目の期首の残高が期中における変動を経て期末残高にいたる過程を明らかにした財務表，であって，日本においては，従前の商法におけるいわゆる利益処分（損失処理）案および証券取引法における利益金処分（損失金処理）計算書の代わりに，制度上，作成がもとめられることになったものである。

すなわち，会社法が（2006年5月に）施行されたことによって，株式会社においては，従来，中間配当をふくめて年2回にかぎられていた利益の配当が（剰余金の配当として整理，再編されたうえで）何度でもおこなえるようになり，また，株主資本の計数の内訳を変動させること（たとえば準備金から資本金への振り替え，剰余金の内訳科目間の振り替えなど）も随時に可能となった。他方，近年における新たな会計基準の導入にともなって，たとえば特定の有価証券にかんする評価差額金など，資本（純資産）の部に直接に計上される項目も増加した。

こうした会計制度の変化によって，資本（純資産）項目の変動要因が増加し，したがって，貸借対照表や損益計算書のみでは資本（純資産）項目の数値を期間的な連続性をもって把握することが困難となった。こうした事態を解消すべく，資本（純資産）項目の変動の明細をしめす株主資本等変動計算書が会計制度において導入されるにいたった（なお，株主資本等変動計算書を補助的な財務表とはみなさず，これを（貸借対照表や損益計算書とならぶ）主要な財務諸表のひとつとみなす考え方もある）。

株主資本等変動計算書には各項目を縦に列記する様式と横に列記する様式とのふたつがあるが，ここには（より理解しやすい）後者の様式の例をしめしておこう。

**株主資本等変動計算書**

(単位　万円)

| | 株主資本 | | | | | | | | | 評価・換算差額等 | | 新株予約権 | 純資産合計 |
|---|---|---|---|---|---|---|---|---|---|---|---|---|---|
| | 資本金 | 資本剰余金 | | | 利益剰余金 | | | | 自己株式 | 株主資本合計 | 評価差額金その他有価証券 | | |
| | | 資本準備金 | その他資本剰余金 | 資本剰余金合計 | 利益準備金 | その他利益剰余金 | | 利益剰余金合計 | | | | | |
| | | | | | | 任意積立金 | 繰越利益剰余金 | | | | | | |
| 当期末残高 | 1000 | 150 | 30 | 180 | 100 | 35 | 200 | 335 | △65 | 1450 | 50 | 100 | 1600 |
| 当期変動額 | | | | | | | | | | | | | |
| 　新株の発行 | 200 | 200 | | 200 | | | | | | 400 | | △50 | 350 |
| 　剰余金の配当 | | | | | 10 | | △80 | △70 | | △70 | | | △70 |
| 　当期純利益 | | | | | | | 120 | 120 | | 120 | | | 120 |
| 　自己株式の取得 | | | | | | | | | △90 | △90 | | | △90 |
| 　自己株式の処分 | | | 20 | 20 | | | | | 50 | 70 | | | 70 |
| 　有価証券評価差額金の増減 | | | | | | | | | | | 15 | | 15 |
| 当期変動合計 | 200 | 200 | 20 | 220 | 10 | 0 | 40 | 50 | △40 | 430 | 15 | △50 | 395 |
| 当期末残高 | 1200 | 350 | 50 | 400 | 90 | 35 | 240 | 385 | △105 | 1880 | 65 | 50 | 1995 |

# 第6章　貸借対照表

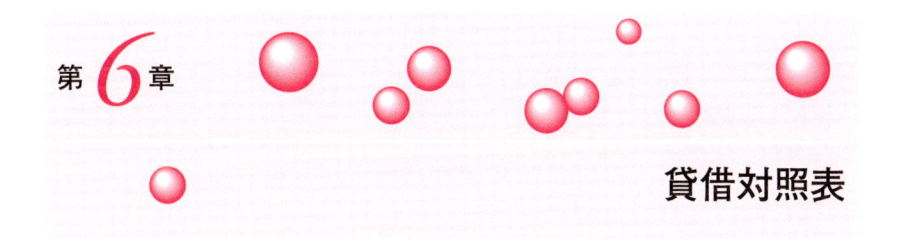

## 第1節　貸借対照表の構成

### 第1項　貸借対照表の要素

　貸借対照表はある時点における企業の財政状態をしめすものである。財政状態とはどのような財産をどれだけ有しているかということである。財産は日々刻々と増減するため，必然的に，貸借対照表はある一定時点における財政状態をしめすことになる。

　貸借対照表は，資産，負債，資本（ないし純資産），の要素から構成される。単純にいえば，資産はいわゆる財産，負債は借金などの支払い義務，資本（ないし純資産）は企業自身のもの，である。しかし，これらの要素を正確に定義するためには，それぞれの要素の関係を理解する必要がある。

　資産，負債，資本（ないし純資産）の関係は，**貸借対照表等式**，すなわち，**資産＝負債＋資本（ないし純資産）**，および，**資本等式**，すなわち，**資産－負債＝純資産（ないし資本）**，のふたとおりの式でしめされる。

　下図は貸借対照表等式の考え方をしめすものである。

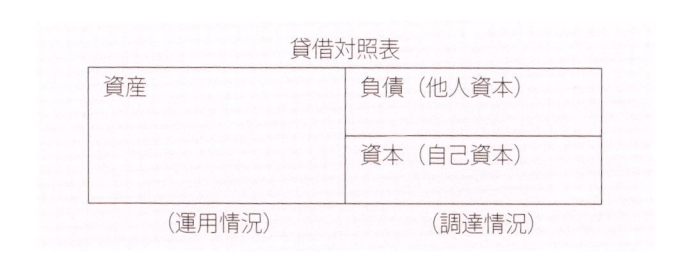

| 貸借対照表 | |
|---|---|
| 資産 | 負債（他人資本） |
|  | 資本（自己資本） |
| （運用情況） | （調達情況） |

貸借対照表等式（資産＝負債＋資本）は，貸借対照表の借方側（資産）を資源（資金）の具体的な運用情況をしめすものとし，貸方側（負債および資本）を調達情況をしめすものとする考え方にもとづいている。すなわち，資源を企業外部から借りて調達したことをしめすのが負債，企業外部からもらって，あるいは自力で獲得して調達したことをしめすのが資本である。負債を「他人資本」，資本を「自己資本」ともいう。なお，「資本」を「純資産」と言い換える向きもあるが，資源の調達先をしめす語としては「資本」が適当であって，「純資産」と言い換えるのは不適当である。
　下図は資本等式の考え方をしめすものである。

| 貸借対照表 | |
|---|---|
| 資産（プラスの財産） | 負債（マイナスの財産） |
|  | 純資産（正味財産） |

　資本等式（資産－負債＝純資産（ないし資本））は，資産をプラスの財産，負債をマイナスの財産とし，これらの差額を純資産とする考え方にもとづいている。純資産（ないし資本）は，プラスの財産からマイナスの財産を差し引いた残余，すなわち正味の財産であるため，「資本」という語よりも「純資産」という語でしめすほうが適当である（もっとも，より厳密にかんがえるならば，資産から負債を差し引いた残余としての純資産は，本来は借方側の概念である。貸借対照表の構成要素としての，純資産，は，企業に残る残余そのものをしめすのではなく，残余の額をしめすだけである）。

## 第2項　貸借対照表の様式および区分

貸借対照表の様式には，勘定式，と，報告式，とのふたとおりがある。**勘定式**は資産と負債および純資産（ないし資本）とを借方と貸方とに対照表示する様式であって，貸借対照表の構造を理解しやすい。**報告式**は資産，負債，純資産（ないし資本）の順に縦に表示する様式であって，一般にはこちらがもちいられる。

資産の部は，流動資産，固定資産，繰延資産，に区分され，固定資産はさらに，有形固定資産，無形固定資産，投資その他の資産，に分けて表示され

| 貸借対照表（勘定式） | | 貸借対照表（報告式） |
|---|---|---|
| 資産の部 | 負債の部 | 資産の部 |
| Ⅰ　流動資産 | Ⅰ　流動負債 | Ⅰ　流動資産 |
| Ⅱ　固定資産 | Ⅱ　固定負債 | Ⅱ　固定資産 |
| 　1　有形固定資産 | | 　1　有形固定資産 |
| 　2　無形固定資産 | 純資産の部 | 　2　無形固定資産 |
| 　3　投資その他の資産 | Ⅰ　株主資本 | 　3　投資その他の資産 |
| Ⅲ　繰延資産 | 　1　資本金 | Ⅲ　繰延資産 |
| | 　2　資本剰余金 | |
| | 　3　利益剰余金 | 負債の部 |
| | 　4　自己株式 | Ⅰ　流動負債 |
| | Ⅱ　評価，換算差額等 | Ⅱ　固定負債 |
| | Ⅲ　新株予約権 | |
| | | 純資産の部 |
| | | Ⅰ　株主資本 |
| | | 　1　資本金 |
| | | 　2　資本剰余金 |
| | | 　3　利益剰余金 |
| | | 　4　自己株式 |
| | | Ⅱ　評価，換算差額等 |
| | | Ⅲ　新株予約権 |

る。負債の部は，流動負債，固定負債，に区分される。純資産の部は，株主資本，評価，換算差額等，新株予約権，に区分され，株主資本はさらに，資本金，資本剰余金，利益剰余金，自己株式，に分けられる。

　まずは財務的な健全性や支払い能力をみる，ということから，資産や負債は，原則として流動性の高い順に表示する**流動性配列法**によって表示される（ただし，電力会社やガス会社など，事業に不可欠のいわゆる設備資産の維持が重要な業種においては，固定資産から表示する固定性配列法によって表示される）。

　資産の流動性とは資金的能力の高さにかんする性質である。現金化される期間が短く，現金化が容易であるほど，支払い手段としての能力が高く，流動性が高い。「第5章」に述べられたように，流動資産と固定資産とを分類する基準には，正常営業循環基準，と，1年基準，とがある。

　正常営業循環とは，商品や原材料を購入し，製造や販売をおこない，代金を回収する，といった通常の営業取引のサイクルである。このサイクルに属する資産を流動資産とするのが**正常営業循環基準**である。したがって，現金預金，棚卸資産（商品，製品，原材料，貯蔵品等），売上債権（受取手形，売掛金等）が流動資産となる。

　**1年基準**は決算日の翌日から起算して1年以内に現金化ないし費用化されるものを流動資産とするものである。したがって，たとえば回収期限が1年以内には到来しない貸付金は固定資産とされ，回収期限が1年以内に到来することとなった時点で流動資産に振り替えられることになる。また，決済日が1年先よりのちの受取手形は，1年基準では流動資産とはならないが，正常営業循環基準の適用により流動資産に分類される。

　流動と固定との区分におけるこのふたつの基準は，いずれも流動資産を規定するための基準であって，固定資産を規定するものではない。まず，正常営業循環基準を満たす資産が流動資産とされ，つぎに，正常営業循環基準を満たさない破産債権や更生債権，貸付金等のその他の債権，前払費用等のうち，1年基準を満たす資産が流動資産とされ，このふたつの基準を満たさない資産，すなわち流動資産以外の資産が固定資産に分類されるのである。

繰延資産は，すでに支出や支払い義務の確定が生じ，用役の提供もすでに受けているにもかかわらず，その効果が将来にわたって発現すると期待されるもの，を資産として計上したものである。かならずしも金銭価値はもたないため，流動資産や固定資産とは区別される。

負債の部は，資産の部と同様，正常営業循環基準と1年基準とによって流動と固定とに分類される。まず，正常営業循環に属する仕入債務（支払手形，買掛金等）が流動負債とされ，また，この循環に属さない借入金等の債務のうち，1年基準を満たすものが流動負債とされる。

純資産の部は，株主に帰属する，株主資本，とそれ以外のものとに分類される。株主資本はさらに，資本金，資本剰余金，利益剰余金，などに分類される。純資産のうちの株主資本以外のものとしては，評価，換算差額等，新株予約権，などがある。

## 第2節　資産

### 第1項　資産の本質および分類

資産の本質をどのようにとらえるかという問題は，会計の目的をどのようにとらえるかによって左右され，資産の分類や評価の方法にも影響をおよぼすものである。

債権者のための会計を指向するとされる静態論の立場においては，企業の◆編者註27
債務弁済能力の表示と清算価値の計算とを会計の目的とする。したがって，静態論における資産は，企業が所有する財や権利にして，換金価値のあるもの，であって，繰延資産のようなものは資産として計上することはできない。

これにたいし，動態論の立場においては，投下資本の回収による期間利益計算を会計の目的とする。このばあいの資産は調達した資源の具体的な運用

> **編者註27**　静態論および（後出の）動態論については**編者註12**（「第3章」）も言及した。みよ。

形体を意味するものである。したがって，貸借対照表の資産としては，資源の調達時の状態（現金や預金など），投下されて他の財やサーヴィスに形を変えた状態（棚卸資産や固定資産など），および，収益の獲得によって回収された状態（受取手形や売掛金，現金や預金など），のみっつの状態のものが計上される。

また，会計の目的を意思決定の判断材料の提供におく近年の傾向においては，将来における経済的資源の流入や流出に関心が向けられることになる。したがって，貸借対照表の資産は，将来において経済的便益が発現するものにして，当該企業にのみ帰属するもの，となる（たとえば企業会計基準委員会（この委員会については「第11章」に述べられる）の討議資料「財務会計の概念フレームワーク」は資産を「過去の取引または事象の結果として」「報告主体（entity）が支配（control）している」「経済的資源（economic resources），またはその同等物」と定義している）。

資産を流動資産と固定資産とに分類する考え方は企業の支払い能力に関心をもつ静態論の立場にもとづくものである。現在の貸借対照表においては，前述のように，資産を流動資産と固定資産とに分類し，流動性の高い順に表示する流動性配列法が通常は採用されている。しかし，会計の目的はこれが期間利益計算ないし意思決定の判断材料の提供におかれているため，換金価値のない繰延資産も資産として計上される。この繰延資産は流動資産や固定資産とは区別され，貸借対照表の最後に表示される。

また，「第5章」に述べられたような資産を貨幣性資産と非貨幣性資産とに分類する考え方は資産を投下資本の具体的な形体をしめすものとする捉え

◆編者註28

> **編者註28**　ただし，「第5章」が述べたのは資産を（貨幣性資産と非貨幣性資産と，ではなくして）貨幣性資産と，費用性資産，とに分類する理解についてであった。
> 　この，費用性資産，は，「第5章」に述べられたように，「非貨幣性資産」と呼ばれることもあるが，非貨幣性資産と費用性資産との関係につい

方から生じたものである。収益の獲得によって回収された状態，すなわち回収資本の状態にあるもの（受取手形や売掛金など）は，調達されたままの状態，すなわち未投下資本の状態にあるもの（現金や預金など）に近く，販売過程を経ずに現金化され，つぎの資産に投下されることが可能である。したがって，回収資本ないし未投下資本の状態にある資産を貨幣性資産とし，投下されて他の財やサーヴィスに形を変えた投下資本の状態にある資産（棚卸資産や有形固定資産など）を非貨幣性資産とする考え方がある。

ただし，投下資本の具体的な形体によって貨幣性と非貨幣性とを分類する考え方については，土地や有価証券の扱い方に関連して問題点が指摘されている（たとえば，費用化されない土地は，投下されても回収されない，という指摘がある。また，有価証券を投下資本とするか回収資本とするかについては意見が分かれている。さらに，そもそも資産は投下資本回収過程にあるものだけでなく，したがって，貸し付けや有価証券にかかわるものは区別してとらえるべき，とする指摘もある）。

資産を将来において経済的便益が発現するものとしてとらえ，その経済的性質と評価額との関連によって貨幣性資産と非貨幣性資産とに分類する考え方もある。このばあいには，回収額が確定している現金，預金，債権，有価証券が貨幣性資産とされ，その他の棚卸資産，固定資産，繰延資産などはすべて非貨幣性資産とされる。貨幣性資産は回収可能額によって評価され，非貨幣性資産は原価で評価される。

　　ては，非貨幣性資産のなかに，費用性資産，と，その他の非貨幣性資産，とがある，ともされる。このことについては以下をみよ。
　　　友岡賛『歴史にふれる会計学』有斐閣，第5章。

　　なお，いずれにしても，資産を貨幣性資産と非貨幣性資産（ないし費用性資産）とに分類する理解の是非はさておく。

### 第2項　種々の資産

#### 🔴 現金, 預金

会計上の現金は，通貨だけでなく，即座に換金可能なもの（他人振り出しの当座小切手，郵便為替証書，期日の到来した公社債の利札，株式の配当金領収証など）もふくむ。預金は銀行や信託会社などの金融機関における各種の預金や貯金，金銭信託などである。現金は流動資産に分類されるが，預金には1年基準が適用され，決算日の翌日から起算して1年以内に期限が到来する預金は流動資産，期限が1年以内には到来しない預金は固定資産に分類される。

#### 🔴 債権

**受取手形, 売掛金, 前払金**

販売によって生ずる受取手形や売掛金と，商品や原材料等の購入にさき立って生ずる前払金とは企業の主目的たる営業取引において生ずる債権である。これらの債権は正常営業循環基準の適用によって流動資産に分類される。ただし，破産債権や更生債権など，正常営業循環には属さない債権については1年基準が適用されるため，決算日の翌日から起算して1年以内の回収が見込めない債権は固定資産に分類される。

なお，受取手形，売掛金，有価証券は容易に換金することができ，支払い手段としての能力がきわめて高い資産であるため，流動資産のなかでもとくに区別され，現金，預金とともに「当座資産」と呼ばれる。

**未収金, 前払費用, 未収収益**

未収金は，商品や製品以外の資産（たとえば土地や有価証券など）の売却によって生じた債権，である。前払費用は，一定の契約に遵って継続的に役務の提供を受けるばあいにおいて，いまだ提供されていない役務の対価を支払ったもの，である。これらの債権は，企業の主目的たる営業取引以外の取引によって生ずるものであるため，1年基準の適用によって流動と固定との分類がなされる。未収収益は，一定の契約に遵って継続的に役務を提供するばあいにおいて，すでに提供した役務について対価をいまだ受領していない

もの，であって，すべて流動資産とされる。前払費用および未収収益は発生主義にもとづく当期の収益および費用の認識によって計上される調整項目であって，後述の前受収益および未払費用とともに「経過勘定」ともいわれる。

### 貸付金

貸付金は，企業の主目的たる営業取引ではなく，金銭貸借取引によって生ずる債権，である。したがって，流動と固定との分類には1年基準が適用され，決算日の翌日から起算して1年以内の回収が見込める短期貸付金は流動資産，1年以内には回収されない長期貸付金は固定資産に分類される。

### 貸倒引当金

受取手形，売掛金，貸付金などの債権は相手先の倒産などによって回収不能（貸し倒れ）になる危険性をともなう。この回収不能額をあらかじめ見積って，債権額から控除する項目が貸倒引当金である。貸倒引当金の設定によって債権額から回収不能額が控除された額は，債権の回収見込み額，をしめすことになる。貸倒引当金は，減価償却累計額と同様，資産の評価勘定としての性質をもつことから，評価性引当金とされる。

貸し倒れによる損失は債権取引に内在する費用であって，当期の収益と対応すべき費用である。したがって，貸倒引当金を設定するさいには費用（貸倒引当金繰入）が同時に計上される。

## ● 有価証券

会計上の有価証券は株式や公社債など，金融商品取引法に定められたものである。これらの有価証券は保有目的や属性によって下記の4種類に分類される。売買目的有価証券および満期保有目的債券のうち，1年以内に満期となるものは流動資産に分類され，それ以外の有価証券は固定資産の，投資その他の資産，に分類される。

### 売買目的有価証券

企業が資金運用の一環として時価の変動による利益を得るために保有する有価証券を「売買目的有価証券」という。このような有価証券は事業に影響をおよぼすことなく，いつでも市場で換金することができ，比較的短期間に

頻繁に売買される。そのため，売買目的有価証券は期末時価によって評価され，評価差額は当期の損益として処理される。

### 満期保有目的債券

企業が満期まで保有する意図をもって所有する社債その他の債券を「満期保有目的債券」という。この債券は時価が変化しても売却されないため，償却原価法（債券等を額面額と異なる額で取得したばあいにおいて，その差額を利息とみなし，満期まで一定の割合で債券の額を増減させる方法）によって評価される。

なお，企業が当該債券を満期まで保有する意図をもって所有していること，および，企業の財務能力に照らしてそれが可能であること，が確認できないばあいには満期保有目的債券とはみなされず，時価によって評価されることになる。

### 子会社株式，関連会社株式

子会社とは，意思決定機関が当該企業（親会社）によって支配されている会社，である。また，関連会社とは，当該企業（親会社）ないしその子会社が出資，人事，取引等の関係をつうじて，財務および営業の方針決定にかんして重要な影響をあたえることができる会社，である。企業が保有するこうした会社の株式は投資額たる取得原価によって評価される。

### その他の有価証券

以上の3種類の有価証券以外のものは，その他の有価証券，として分類され，時価によって評価される。ただし，評価損益は企業の経営努力とは関係がないため，当期の損益とはされず，純資産の部に資本と区別して記載される。

満期保有目的債券，子会社株式および関連会社株式，ならびにその他の有価証券のうち，市場価格があるものの時価がいちじるしく下落し，回復する見込みが認められないばあいには評価額を時価まで切り下げ，評価差額を当期の損失として計上する必要がある。市場価格のないものについても，発行会社の財政状態の悪化によって実質価額がいちじるしく低下したばあいには

同様の処理をおこなう必要がある。

### 🔴 棚卸資産（商品，製品，半製品，仕掛品，原材料，貯蔵品等）

　企業の通常の営業活動において販売を目的として保有され，短期間に費消部分を物量的に把握できる資産を「棚卸資産」という。棚卸資産は流動資産に分類される。

　棚卸資産には，販売のために他企業から購入した商品，みずから生産した製品，生産の途中段階の半製品や仕掛品（生産の途中段階で外部に販売しうる市場があるものが半製品，そうした市場がないものが仕掛品である），生産のために短期間に費消される原材料や消耗品，販売活動や一般管理活動のために費消される消耗品（生産活動，販売活動，一般管理活動にもちいられる消耗品を「貯蔵品」というばあいもある），がある。

　棚卸資産は基本的には取得原価で評価され，費用配分の原則にもとづいて費消分が当期の費用として配分される。未費消分は資産のまま計上され，次期以降の費用に配分される。

　当期に費消された棚卸資産の額を計算するためには棚卸資産の物量と単価とを計算する必要がある。物量は継続記録法（帳簿棚卸法）ないし実地棚卸法によって把握され，単価は個別法，先入先出法，後入先出法，平均法，売価還元法などによって把握される。

　**継続記録法**（帳簿棚卸法）は，商品有高帳などの帳簿記録によって棚卸資産の費消分と期末在庫分とを継続的に把握する方法，また，**実地棚卸法**は，決算時においてなど，定期的におこなわれる実地棚卸にもとづき，期首数量＋当期取得数量－期末数量＝当期費消数量，という計算によって当期費消分を間接的に把握する物量計算の方法，である。理論的には，いずれの方法によっても期末棚卸資産の数量は一致するはずであるが，実際には，移動や展示による破損，紛失などによって，実地棚卸法の数量のほうが少なく，不足分は棚卸減耗として当期の費用にふくめられる。

　**個別法**は，取得原価が異なる棚卸資産ごとに区別して把握し，個々の実地原価によって費消分および期末在庫分の単価を算定する方法，である。**先入**

**先出法**は，もっとも古く取得したものから費消し，期末在庫分はもっとも新しく取得したものであるとみなす方法，である。これとは対照的に，もっとも新しく取得したものから費消し，期末在庫分はもっとも古く取得したものであるとみなす方法，が**後入先出法**である。**平均法**は，取得した棚卸資産の平均単価を計算する方法，であって，取得ごとに平均単価を計算する移動平均法と，一定期間に取得した棚卸資産の総価額を総数量で除する総平均法とがある。**売価還元法**は，期末棚卸資産の売価の合計額に原価率を乗じて取得原価を把握する方法，である。

期末棚卸資産は基本的には取得原価で評価されるが，時価が取得原価よりいちじるしく下落し，回復の見込みがあると認められないばあいには時価によって評価しなければならない。これを「強制評価減」という。強制評価減によって切り下げられたばあいの評価損は営業外費用ないし特別損失として計上される。

なお，時価が取得原価まで回復する見込みがあるばあいや，時価の下落がいちじるしくないばあいであっても，時価と取得原価とのいずれか低い価額をもって評価する低価法の適用が認められている。低価法は，強制評価減とは異なり，これを企業は任意に適用することができるが，適用したばあいには継続してこれをおこなわなければならない。

## ● 固定資産

固定資産は，販売ではなくして，利用ないし投資等を目的として，企業が長期にわたって保有する資産，である。したがって，販売目的をもって所有される不動産会社の建物や自動車販売会社の車輛などは固定資産ではなく，棚卸資産に分類される。また，前期まで固定資産に分類されていた債権や有価証券のうち，1年以内に期限が到来するものは流動資産に分類されることになる。固定資産は，有形固定資産，無形固定資産，投資その他の資産，の3種類に区分表示される。

### 有形固定資産

有形固定資産は，土地，建物，構築物，機械装置，車輛運搬具，工具器具

備品などのように物質的な存在形体をもち，長期にわたって保有される資産，である。こうした資産は企業活動にもちいられることによって，あるいは時間の経過によってその能力が費消され，価値が減少するが，その額を物理的に把握することはきわめて困難であるため，減価償却の手続きがおこなわれる。ただし，土地はその能力が費消されることなく，永久に利用されうることから，一般的には減価が認められず，したがって，減価償却の対象とはならない。また，建設仮勘定は建設中の有形固定資産をしめすものであるが，当該資産はいまだ遣われていないため，減価償却をおこなわない。

　減価償却の手続きには種々の側面がある。費用配分の側面からとらえるならば，減価償却は，物量的には把握しにくい能力の費消をとらえ，利用期間とされる耐用年数にわたって費用を配分するための手続き，である。貸借対照表における資産評価という側面からとらえるならば，減価償却は，資産価値の減少分を認識する手段，となる。また，投下資本の回収という側面からとらえるならば，減価償却は，減価償却費という支出をともなわない費用を計上することによって，同額の流動資産を企業内に保有し，固定資産に投下された当初の金額を回収するための手段，となる（このほかにも，資産の取得時や廃棄時における期間費用の増大を避けるという側面や，資産の取り替えのための資金を確保するという側面がある）。しかし，資産評価を重視するのであれば，取得原価を基礎とする減価償却よりも，時価による評価のほうが適切であろう。したがって，減価償却は，費用配分ないし投下資本の回収の側面からおこなわれる手続き，とかんがえられる。

　減価償却費の計算方法には，定額法，定率法，級数法，生産高比例法，がある。いずれも取得原価から残存価額を控除した額を費用化する方法であるが，各期への配分方法が異なる。

　**定額法**は，費用化される額を耐用年数にわたって定額ずつ配分し，減価償却費を計算する方法，であって，これによる減価償却費はつぎの式で算定される。

$$減価償却費 = \frac{取得原価 - 残存価額}{耐用年数}$$

**定率法**は，未償却残高に一定の償却率（償却率は耐用年数にもとづいて定められ，毎年一定である）を乗じて減価償却費を計算する方法，であって，取得してからまもない資産のばあいには費用の額が大きく，残存耐用年数が少ない資産のばあいには費用の額が小さくなる。定率法による減価償却費はつぎの式で算定される。

$$減価償却費 = （取得原価 - 減価償却累計額） \times 償却率$$

**級数法**は，算術級数をもちいて各期に配分する方法，である。定率法と同様，取得してからまもない資産のばあいには費用の額が大きく，残存耐用年数が少ない資産のばあいには費用の額が小さくなるが，その差は定率法のばあいほどは大きくない。級数法による減価償却費はつぎの式で算定される。

$$減価償却費 = （取得原価 - 残存価額） \times \frac{n - k + 1}{n(n + 1) \div 2}$$

（耐用年数 n の資産の k 年めの減価償却費）

**生産高比例法**は，耐用年数ではなくして，利用割合によって減価償却費を計算する方法，である。この方法を適用しうる資産は，総利用可能量をあらかじめ推定することができ，また，減価の主な原因が利用によるもの，であるため，航空機や自動車など，ごく一部の資産にかぎられる。生産高比例法による減価償却費はつぎの式で算定される。

$$減価償却費 = （取得原価 - 残存価額） \times \frac{当期実際利用量}{総利用可能量}$$

（ちなみに，固定資産の取得原価を費用化する方法には，減価償却のほか，取替法と廃棄法とがある。取替法は，鉄道の枕木やレイル，電柱など，同種の資産が

多く集まってひとつの機能を果たすような固定資産について、部分的な取り替えのための費用を計上する方法、である。廃棄法は、固定資産の取得時に資産計上したまま減価償却はおこなわず、資産の取り替えをおこなうさいに廃棄した旧資産の取得原価を費用計上する方法、である。）

　なお、保有する固定資産の収益性が低下し、帳簿価額の回収が見込めなくなったばあいには回収不能分を減額する必要がある。このような状態を「減損」といい、減損の認識によって生ずる減損損失は当該期間の特別損失に計上される。

### 無形固定資産

　無形固定資産は、物質的な存在形体はもたないが、企業活動のために長期にわたって利用される資産、である。法律上の権利（特許権、実用新案権、意匠権、商標権、借地権、鉱業権、漁業権など）のみならず、ソフトウェアの制作に要した費用なども無形固定資産として計上される。また、他企業の買収や合併において、受け入れた純資産の額より支払い額が多いばあいには相手の企業に超過収益力があるとかんがえられるため、超過額をのれんとして無形固定資産に計上する（こうしたばあいののれんを「買い入れのれん」という。また、自社の超過収益力を評価したのれん（これを「自己創設のれん」という）は、その価値を客観的に測定することが困難であるため、資産としての計上が認められていない）。これらの無形固定資産は取得原価によって評価され、規則的な償却手続きによって費用化される。

### 投資その他の資産

　有価証券のうち、流動資産とはならないもの（満期保有目的債券で満期日が1年以内に到来しないもの、子会社、関連会社株式、その他の有価証券）、期限が1年以内に到来しない長期貸付金や定期預金、1年以内の回収が見込めない破産債権や更生債権などは、投資その他の資産、として固定資産に分類される。

### 🔴 繰延資産

　ある支出の効果が将来にわたって発現すると期待されるばあいには、いっ

たん資産として繰り延べられ，徐々に費用化される。このような資産を「繰延資産」という。資産を，換金価値のあるもの，とする立場によれば，繰延資産の計上は認められない。しかし，資産を，投下資本の回収形体をしめすもの，とかんがえるならば，繰延資産は将来の収益獲得に貢献する支出であって，将来の収益に対応する資産であるとかんがえられる。また，資産を，将来の経済的便益，ととらえる立場においても，将来にわたって効果を発現する繰延資産の計上が認められることになる。

繰延資産には，会社の設立や営業開始のための支出（創立費，開業費），将来の収益増加や費用削減のための支出（試験研究費，開発費），資金調達，すなわち株式や社債の発行に要した支出（新株発行費，社債発行費），社債の額面額と発行価額との差額（社債発行差金），がある。これらの繰延資産には償却期間にわたって均等額以上の償却がおこなわれる。

なお，繰延資産ではないが，天災等によって固定資産等の資産が巨額の損失を被り，その損失が当期の純利益ないし未処分利益では補塡できず，とくに法令によって認められるばあいには，その損失額を一時的に資産に計上し，繰り延べることができる。このような損失を「臨時巨額損失」という。しかし，臨時巨額損失は政策上の処理であって会計上の資産ではないことから，できるだけ早期に償却しなければならない。

## 第3節　負債

### 第1項　負債の本質および分類

「第1節」に述べられたように，負債はあるいは，他人資本，あるいは，マイナスの財産，としてとらえられる。負債を他人資本ととらえるばあいには，すでに資源を受け入れていること，および，その受け入れた資源にたいして外部者が持ち分を有していること，をもって負債の本質が規定される。他方，負債をマイナスの財産ととらえるばあいには，将来における経済的資源の流出，が負債の本質となる。近年は負債をマイナスの財産としてとらえ

る傾向にある（たとえば企業会計基準委員会の討議資料「財務会計の概念フレームワーク」は負債を「過去の取引または事象の結果として」「報告主体が支配している経済的資源を放棄もしくは引き渡す」「義務，またはその同等物」と定義している）が，経済的資源の流出という将来事象を把握するには不確定な要素が多い。そのため，負債の認識については，資源を流出させる義務を負っているか否か，あるいは，その流出が不可避であるか否か，にもとづいて判断しなければならない。

　負債は，法的な側面から分類すれば，法的債務，と，それ以外のもの，とに区分することができ，法的な債務はさらに，確定債務，と，条件つき債務，とに分類される。期日，相手，額がすべて確定している債務は確定債務であって，ひとつでも不確定なものがあるばあいには条件つき債務となる。たとえば後述の製品保証引当金は製品の購入者が修理を申し出たさいに発生する条件つき債務である。また，法的債務には該当しないものの，将来における財産の流出が合理的に予測されるものについては，会計的負債としての認識がおこなわれる。たとえば修繕引当金は，設備の利用によって修繕の必要が生じ，修繕をおこなうことによって財産が流出する，という負債である。このような負債は期日も相手も額も特定されていないが，財産の流出が将来において合理的に予想されうるために計上するものである。

　貸借対照表において，負債は流動負債と固定負債とに分類して表示される（後述の特別法上の準備金があるばあいには，さらに引当金の区分が設けられる）。流動と固定との分類基準は資産のばあいと同様であって，まずは正常営業循環に属する支払手形や買掛金が流動負債とされ，それ以外の負債については１年基準が適用される。財務諸表分析をあつかう「第10章」にも述べられるように，資産および負債を流動と固定とに分類表示することによって，企業の財政状態はより明確にしめされることになる。

### 第2項　種々の負債

#### ● 債務

**支払手形，買掛金，前受金**

　商品や原材料等の購入などによって生ずる支払手形や買掛金と，販売にさき立って生ずる前受金とは企業の主目的たる営業取引において生ずる債務である。これらの債務は，決済日が1年以内に到来しないものであっても，正常営業循環基準の適用によって流動負債に分類される。

**預り金，未払金，前受収益，未払費用**

　預り金は，現金等を一時的に預かることによって生ずる債務，であって，従業員の源泉所得税などがこれに該当する。未払金は，商品や原材料以外のものの購入によって生ずる債務，であって，土地や有価証券を購入した対価の未払い分などがこれに該当する。これらの債務は企業の主目的たる営業取引以外の取引によって生ずるものであって，1年基準の適用によって流動と固定との分類がなされる。

　前受収益は，一定の契約に遵って継続的に役務を提供するばあいにおいて，いまだ提供していない役務の対価を受領したもの，である。未払費用は，一定の契約に遵って継続的に役務の提供を受けるばあいにおいて，すでに提供された役務について対価をいまだ支払っていないもの，である。前受収益および未払費用は発生主義にもとづく当期の収益および費用の認識によって計上される調整項目であって，前述の前払費用および未収収益とともに「経過勘定」ともいわれる。これらの債務はすべて流動負債に分類される。

**借入金**

　借入金は，企業の主目的たる営業取引ではなく，金銭貸借取引によって生ずる債務，である。したがって，流動と固定との分類には1年基準が適用され，返済期限が決算日の翌日から起算して1年以内に到来する短期借入金は流動負債，返済期限が1年以内には到来しない長期借入金は固定負債に分類される。

**社債**

　社債は企業が資金調達のために発行する有価証券の一種であって，不特定多数のひとから口別に資金を調達するという点では株式と類似しているが，調達した資金の返済（償還）義務を負い，利息を支払うという点で株式とは大きく性質が異なる。社債には，普通社債，株式に転換する権利を附与した転換社債，一定の金額で新株式を購入する権利を附与した新株予約権付社債，の3種類がある。

## ● 負債性引当金

　叙上の債務は，将来における財産の流出が確定している負債，であるが，これにたいして，「負債性引当金」と呼ばれる種々の引当金は，将来における資源の流出はいまだ確定していないものの，その可能性が高く，金額を合理的に見積もることができ，また，その流出の原因が当期においてすでに発生しているばあいにかぎり，当期において負債として認識することが認められたもの，である。

　このような負債性引当金および評価性引当金たる貸倒引当金の認識の要件として，企業会計原則注解は以下の4項目を挙げている。

- 将来の特定の支出ないし損失であること（企業会計原則注解は「将来の特定の費用」と述べているが，当期の費用，たる引当金の認識において，将来の費用，たることを要件とするのは自己矛盾であるため，「将来の特定の支出」とする。）
- その発生が当期以前の事象に起因していること
- その発生の可能性が高いこと
- その金額を合理的に見積ることができること

　引当金を認識するさいには，借方項目の費用（○○引当金繰入），と，貸方項目の負債（○○引当金），とを同時に認識することになる。そのため，引当金の認識の論拠には費用の側面から論ずるものと負債の側面から論ずるものとがある。

　引当金の認識の論拠には，発生主義にもとづくもの，対応原則にもとづく

もの，保守主義にもとづくもの，資源流出の可能性の高さにもとづくもの，など，種々のものがある。

　発生主義をおもな論拠とする考え方は引当金を費用の側面からとらえるものである。一般的な発生主義は資源の流出や費消が発生した時点において費用を認識しようとするものであるが，引当金の論拠となる発生主義は，将来の資源流出（評価性引当金のばあいは，資源の流入の取り消しないし損失）の原因が発生した時点において費用を認識し，引当金を計上するもの，である。この拡大された発生主義（これを通常の発生主義とは区別して「広義の発生主義」ないし「発生原因主義」という）の根底には，当期の収益と因果関係があるものを当期の費用として認識しよう，という対応原則の考え方がある。すなわち，期間利益計算を適正におこなうべく，資源流出と当期の収益とが経済的犠牲と成果との関係にあるのであれば，同じ期に計上すべき，ということである。

　費用や損失をできるだけ早期に計上しようという保守主義を引当金の認識の論拠とする考え方もあるが，これは負債と利益留保とを混同することにつながりかねず，利益計算の適正化という点からは妥当とはいいがたい。たとえば電力事業法にもとづく渇水準備引当金は渇水期の収益減少に備えるための利益留保性準備金であるが，このような準備金は公益保護の観点から法によって負債計上を強制されたものであって，会計上の負債とは区別して表示される。

　資源流出の可能性の高さを引当金の認識の論拠とする考え方もある。前出の企業会計原則注解も，将来の資源流出の可能性が高いことを引当金の認識の要件のひとつとしている。しかし，無限に予想される将来の資源流出について，可能性の高さのみによって当期の負債を認識するのは困難であって，利益留保性の準備金との区別が曖昧になりかねない。したがって，当期の負債たる引当金を認識するさいには，資源流出の可能性の高さにくわえて発生主義や対応原則が論拠となるのである。なお，将来における資源流出の可能性が低いものや金額の見積りが困難であるものについては，特別法上の渇水

準備引当金等をのぞき，引当金として認識することは認められない。このような偶発債務については，利益留保性の準備金として純資産の部の任意積立金に計上されるか，偶発債務として貸借対照表の註記事項に記載されるのみである（たとえば地震損失引当金や係争中の事件にかんする損害賠償などがこれに該当する）。

**製品保証引当金，売上割戻引当金，返品調整引当金**

製品保証引当金，売上割戻引当金，および返品調整引当金は条件つき債務に属する。

製品保証引当金とは，一定期間の修理保証をつけて製品を販売することによって修理にともなう資源流出が合理的に予想されるものを当期の費用として認識し，それと同時に負債を認識する引当金，である。この引当金は1年以内の保証部分については流動負債，1年を超える部分については固定負債に区分される。

売上割戻引当金とは，一定数量ないし一定金額以上の商品ないし製品を販売した得意先にたいして割り戻しをおこなうことによって合理的に予想される割り戻し額を当期の収益から控除し，それと同時に負債として認識する引当金，である。この引当金は，割り戻しは次期におこなわれることから，流動負債に区分される。

返品調整引当金とは，販売した商品ないし製品について販売価格で返品を受け入れる特約を結んでいることによって合理的に予想される返品額を当期の売上総利益から控除し，それと同時に負債として認識する引当金，である。この引当金は，返品は1年以内におこなわれるばあいが多いことから，流動負債に区分される。

**修繕引当金，特別修繕引当金**

修繕引当金および特別修繕引当金は法的な債務ではないが，将来における財産の流出が合理的に予想されることから会計的負債として認識される。

修繕引当金とは，毎年，おこなわれる通常の修繕がなんらかの理由でおこなわれなかったばあいにおいて，次期におこなわれる修繕にかかる資源流出

を当期の費用として認識し，それと同時に負債として認識する引当金，である。この引当金は流動負債に区分される。

特別修繕引当金とは，数年ごとに定期的におこなわれる大修繕に備え，大修繕にかかる資源流出を合理的に見積もり，当期に配分される費用を認識し，それと同時に負債として認識する引当金，である。この引当金は次期に修繕がおこなわれる部分については流動負債に区分されるが，それ以外については固定負債に区分される。

### 賞与引当金

賞与引当金は条件つき債務のひとつである。従業員にたいする賞与のうち，すでに労務の提供を受けた当期分として負担すべき金額を見積もって費用を認識し，それと同時に負債として認識する引当金，が賞与引当金である。賞与引当金は給与の後払い分とかんがえられるが，金額を見積り計算するという点で未払費用とは性質を異にする。この引当金は流動負債に区分される。

### 退職給付引当金

退職給付引当金は条件つき債務のひとつである。従業員が将来において退職するさいに支払うべき退職給付のうち，すでに労務の提供を受けた当期分

|  | 貸借対照表上の区分 | 法的債務性 | 相手勘定の性質 | 例 |
|---|---|---|---|---|
| 評価性引当金 | 資産の部（控除項目） |  | 費用 | 貸倒引当金 |
| 負債性引当金 | 負債の部 | あり（条件つき債務） | 収益の控除 | 売上割戻引当金<br>返品調整引当金 |
|  |  |  | 費用 | 製品保証引当金<br>賞与引当金<br>退職給付引当金 |
|  |  | なし（会計的負債） | 費用 | 修繕引当金<br>特別修繕引当金 |
| 特別法上の引当金 |  | なし（将来の損失） | 利益留保 | 渇水準備引当金 |
| 任意積立金 | 純資産の部 | なし（偶発債務） | 利益留保 | 地震損失引当金 |

として負担すべき金額を見積もって費用を認識し、それと同時に負債として認識する引当金、が退職給付引当金である。退職給付引当金は給与の後払い分とかんがえられるが、金額および支払い時期を見積り計算するという点で未払費用とは性質を異にする。この引当金は固定負債に区分される。

## 第4節　税効果会計

**税効果会計**とは、企業会計上の資産ないし負債の額と課税所得計算上の資産ないし負債の額とに相違があるばあいに、法人税その他の利益に関連する額を課税標準とする税の額を適切に期間配分することによって、こうした税を控除するまえの当期純利益と法人税等とを合理的に対応させることを目的とする手続き、である。

この手続きの対象となるのは「一時差異」と呼ばれるもの、すなわち貸借対照表に計上されている資産、負債の額と課税所得計算上の資産、負債の額との差額であって、貸借対照表においては、この差額にかかわる税額が**繰延税金資産**ないし**繰延税金負債**として計上される。

## 第5節　純資産（ないし資本）

### 第1項　純資産（ないし資本）の本質および分類

「第1節」に述べられたように、貸借対照表の純資産の部はあるいは、自己資本、あるいは、プラスの財産（資産）からマイナスの財産（負債）を控除した残余、としてとらえられる。

純資産の部を自己資本ととらえるならば、「純資産」ではなくして、「資本」という名称をもちいるのが適切である（「資本」という語はさまざまな意味をもってもちいられる。一般的には事業などをおこなうさいの元手全般を意味するものとしてもちいられるが、会計学のばあいは「総資本」、「自己資本」、「株主資本」、「払い込み資本」、「法定資本」（ないし「資本金」）などといった語にお

いてもちいられる。本章がもちいる「資本」は自己資本を意味する。なお，財務諸表分析等において，自己資本と他人資本（負債）とを総括的に「総資本」というばあいもある）。資本は，企業の外部ではなくして，内部から資源を得たことをしめすもの，であって，具体的には，株主から払い込まれたもの，および，経営活動によって獲得した利益の留保分，である。資本維持の観点から，この払い込み資本と留保利益とは明確に区別されなければならない。

　これにたいして，純資産をプラスの財産（資産）からマイナスの財産（負債）を控除した残余ととらえるばあいには，資源の返済義務がない，ということがもっとも重要であって，利益は前期との比較によって算出された純資産の増加分として位置づけられる。とはいえ，純資産を残余ととらえるばあいであっても，企業の存続を図るためには，純資産のうち，企業内に留めておくべき部分，と，株主への配当等として外部に流出しうる部分，とを区別しなければならない。会社法は貸借対照表の資本の部を「純資産の部」と呼んでいるが，その表示は資源の源泉別に区分されている。

　純資産はその源泉からみて，株主資本，と，それ以外のもの，とに分類され，株主資本はさらに，払い込み資本，と，稼得資本（留保利益），とに区分される。株主資本以外のものには，評価，換算差額等，と新株予約権，とがある。

| 純資産の部 | 株主資本 | 払い込み資本 | 資本金 | |
| --- | --- | --- | --- | --- |
| | | | 資本剰余金 | 資本準備金 |
| | | | | その他資本剰余金 |
| | | 稼得資本<br>（留保利益） | 利益剰余金 | 利益準備金 |
| | | | | その他利益剰余金 |
| | | 自己株式（株主資本の控除科目） | | |
| | 評価，換算差額等 | | | |
| | 新株予約権 | | | |

## 第2項　資本取引と損益取引と

**資本取引**とは，会社の設立や増資のさいにおこなわれる株主からの払い込み，減資，および合併の取引など，企業の自己資本の額を直接的に変化させる取引，である。資本剰余金（株式払込剰余金，減資差益，合併差益など）はこうした資本取引を源泉として生ずる剰余金である。資本金と資本剰余金とを併せて「払い込み資本」という。

これにたいして，**損益取引**とは，利益の獲得を目的としておこなわれ，その結果として間接的に株主資本の額を変化させる取引，である。利益剰余金は損益取引を源泉として生ずる剰余金であって，「稼得資本」（ないし「留保利益」）ともいわれるものである。

資本維持の考え方によって，資本取引と損益取引とは厳密に区別されなければならない。払い込み資本と稼得資本（ないし留保利益）とはいずれも株主に帰属する株主資本ではあるが，元本と果実と，の関係にある。配当による流出は果実の部分を源泉とすべきであって，これを超えて配当をおこなえば，元本，すなわち資本が減少し，企業を維持することができなくなる。したがって，払い込み資本ないし稼得資本の額に影響をおよぼす取引については，これを資本取引と損益取引とに厳密に区別しなければならないのである。

また，資本取引と損益取引との区別は，適正な利益計算をおこなうという目的からも，これを重視しなければならない。利益の額は企業の経営活動の結果をしめし，その良否を判断する指標となるため，企業の努力を反映する損益取引と，その元手を変化させる資本取引とは明確に区別しなければならないのである。

## 第3項　種々の純資産

### ● 株主資本

株主資本は，資本取引を源泉とする払い込み資本，と，損益取引を源泉とする稼得資本（留保利益），とに区別される。

**払い込み資本（資本金，資本剰余金）**

　資本金は，株主から金銭や現物等の払い込みを受けた額のうち，資本金に組み入れられた部分，であって，会社法上の法定資本とされるものである。ただし，株主による払い込み額の2分の1までは資本金に組み入れず株式払込剰余金（資本剰余金のひとつ）とすることができる。後述されるように，企業は，利益処分にさいして資本金額の4分の1の額まで積み立てをおこなわなければならないため，資本金組み入れ額を最低限度に抑えようとする。

　資本剰余金は資本取引を源泉とする剰余金であって，資本準備金，と，その他資本剰余金，とに分類される。資本準備金には，叙上の株式払込剰余金のほか，吸収合併や子会社化などの組織再編成によって生ずる資本剰余金，などがある。その他資本剰余金には，減資や資本準備金の取り崩しによって生ずる資本金および資本準備金減少差益，と，自己株式の処分によって生ずる自己株式処分差益，とがある。

**稼得資本（利益剰余金）**

　利益剰余金は株主資本のひとつであって，株主からの払い込みではなくして，企業が獲得した利益を源泉とする内部留保である。

　利益剰余金は，利益準備金，と，その他利益剰余金，とに分類される。企業は，利益処分として配当をおこなうさいに外部流出額の10分の1以上を利益準備金として積み立てること，を義務づけられている（この積み立ては資本準備金と利益準備金との合計額が資本金額の4分の1に達するまでおこなわなければならないため，企業は資本金組み入れ額を最低限度に抑えようとし，叙上の株式払込剰余金を計上するのである）。その他利益剰余金たる，任意積立金，には，将来の特定の目的に備える事業拡張積立金や配当平均積立金，や，とくに目的を定めない別途積立金，などがある。稼得資本のうち，利益準備金にも任意積立金にもならなかった利益の未処分額は，繰越利益剰余金，としてその他利益剰余金にふくめられる。

**自己株式**

　自己株式を取得したばあいには株主資本の最後に記載し，取得原価を控除

する。自己株式を処分したばあいに生ずる自己株式処分差益ないし自己株式処分差損はその他資本剰余金として記載する。

### 🔴 株主資本以外の純資産

**評価, 換算差額等**

評価, 換算差額等は, 企業が保有する資産を評価替えしたことによって生ずる自己資本の増加部分, である。評価, 換算差額等には, その他有価証券評価差額金, 繰延ヘッジ損益, 土地再評価差額金, などがある。

**新株予約権**

新株予約権は, 株式の交付を受けることができる権利, であって, あるいは転換社債等の社債においてあたえられ, あるいは従業員にたいするストック・オプションとして利用される。新株予約権は将来の株主が所有する権利であることから, 払い込み資本とは区別して記載される。

# 第7章 損益計算書

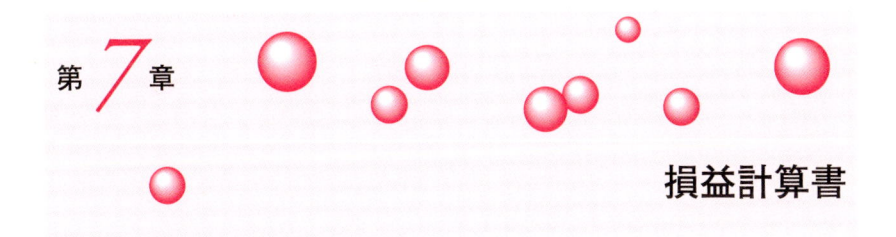

## 第1節　損益計算書の構成

### 第1項　損益計算書の要素

　損益計算書はある期間における企業の経営成績をしめすものである。企業の経営成績は経営活動の成果たる収益とそのための犠牲たる費用とによってしめされる。また，収益と費用との差額たる利益（差額がマイナスのばあいには，損失）は経営活動の結果をしめすものであって，経営活動の良否を判断するさいには収益や費用よりも利益を利用することが多い。

　収益とは，企業が経営活動において新たに創出した経済価値，であって，企業に経済的資源の流入をもたらしたか，もたらすことが確実であるもの，と定義される。企業は生産活動や販売活動等によって新たな経済価値を創出し，利益を獲得する。このような経済価値の創出を「収益の発生」といい，これを認識するための基準を「発生主義」（ないし「発生原則」）という（ここにおける「発生主義」という語と「発生主義会計」という語における「発生主義」とを混同してはならない。ここにおける「発生主義」はあくまでも収益や費用の認識基準を意味する語である。これにたいして，「発生主義会計」という語は会計システムといった大きな枠組みをしめすさいにもちいられる語である。収益や費用の認識基準のひとつとして発生主義をもちいる会計システムが発生主義会計，ととらえられよう（なお，このばあい，発生主義はあくまでも認識基準のひとつであって，収益や費用の認識にさいしては実現主義や対応原則なども適用される）。また，「発生主義会計」と対比的にもちいられる語に「現金主義会計」がある。「現

金主義」と「現金主義会計」とについても，収益や費用の認識基準として現金主義をもちいる会計システムが現金主義会計，ととらえられよう（ただし，現金主義会計における収益や費用の認識基準は現金主義のみである））。しかし，経済価値の創出，すなわち発生は，いつ，いくら創出されたのか，という認識時点や測定額を把握することが困難である。また，本当に経済価値が創出されているのかどうかも疑わしい（当該企業としては経済価値を創出したつもりであっても，他者がその増加額を認めなければ，その額にもとづく取引は成立せず，その額の収益を獲得することはできない）。したがって，収益を認識するにあたっては，発生主義（発生原則）にくわえて実現主義（実現原則）を適用し，創出された経済価値の確定性や客観性を確保しなければならない（実現主義を，商品や製品の販売をもって収益を認識する基準，すなわち，販売基準，ととらえる向きもあるが，これは販売業を前提とした考え方であって適切ではない。「第5章」に述べられたように，実現主義の本質は，経済価値の増加の確定性と客観性とを確保する，という点にある）。

「収益」という概念に似た概念に「利得」がある。利得とは，企業に経済的資源の流入をもたらしたか，もたらすことが確実である経済価値の増加，であるが，企業の経営活動における努力や成果とは無関係に獲得された，という点で収益とは区別される。

また，収益については，当期における企業の経営活動の成果をしめすにあたって，当期に帰属する収益（期間収益）と，次期以降に帰属する繰り延べ収益（負債として貸借対照表に記載される）とを明確に区別しなければならない。

このように，経済価値の増加は経営活動との関連性によって収益と利得とに区別され，収益はさらに，その帰属時点によって期間収益と負債（繰り延べ収益）とに区別される。

費用とは，企業が経営活動において費消ないし喪失した経済価値，であって，企業に経済的資源の流出をもたらしたか，もたらすとかんがえられるもの，である。このように定義されるものを「広義の費用」という。費用はま

た，成果たる収益を獲得するための犠牲としての側面をもち，収益との因果関係によって定義される。費消ないし喪失によって減少した経済価値のうち，個別の財やサーヴィス，あるいは期間を媒介とする収益との因果関係（対応関係，すなわち収益への貢献）が認められるもののみが費用であって，それ以外のたんなる経済価値の減少は損失として区別される。

　また，費用は，収益とともに当期における企業の経営活動の結果をしめすにあたって，当期に帰属する費用（期間費用）と，次期以降に帰属する繰り延べ費用（資産として貸借対照表に記載される），費用性資産（営業活動をおこなうことによっていずれ費用となる資産であって，棚卸資産や土地以外の固定資産がこれに該る），および繰延資産とに区別される。

　このように，経済価値の減少は経営活動の成果たる収益との因果関係によって費用と損失とに区別され，費用はさらに，その帰属時点によって期間費用と資産（繰り延べ費用，費用性資産，繰延資産）とに区別されるのである。

　叙上のとおり，収益と費用とを，経営活動の成果と犠牲と，とする捉え方は期間利益計算を重視する動態論にもとづくものである。動態論においては損益計算書が重要な役割を果たし，貸借対照表は調整項目を収容するものとして位置づけられる。このようなばあい，期間利益の構成要素たる収益（期間収益）と費用（期間費用）とは，経営活動の成果と犠牲とをしめすものとして，独立的に定義されなければならない。

　これにたいして，経済的資源の情況を重視する近年の傾向（新静態論や資産負債アプロウチなど）においては貸借対照表が重視され，損益計算書は資本（純資産）の変動原因をしめすものとして位置づけられる（債権者保護を意図する静態論の考え方においても，貸借対照表が重視され，収益や費用は資本の変動原因をしめすものとして位置づけられる。ただし，このばあいは企業の弁済能力，すなわち資産の担保性や実在性が重視されるため，収益，費用，利益には
◆編者註29

---

**編者註29**　編者註12（「第3章」）をみよ。

ほとんど関心が向けられないとかんがえられる)。このばあい，収益と利得とはともに資本（純資産）の増加原因として，費用と損失とはともに資本（純資産）の減少原因として，従属的に定義されることになる。しかし，資本（純資産）の増減は資本金の追加受け入れや払い出しといった資本取引によっても生ずるものであるため，資本取引以外の取引によって資本の増減をもたらずもの，として定義されることとなる。

　他方，利益の額は配当可能額を算定する根拠ともなる。経営活動の原資たる資本と，それによって得た果実たる利益とは資本維持の考え方によって厳密に区別しなければならない（もっとも，維持すべき資本を，名目資本，実質資本，実体資本，のいずれとするかによって，資本と利益との境界，収益および費用の認識，利益の額は変化する）。配当は果実たる利益を源泉としておこなわなければならず，もし資本から配当をおこなえば，企業は経営活動の原資を失い，継続企業としての能力を失うからである。このような理由によって，利益のプラス要素たる収益の認識基準には実現主義を適用して客観性や確実性をもとめるとともに，資金性（貨幣性資産の受領）を要件のひとつとするのである。

　なお，会計の目的を，配当可能額の算定，企業の経営活動の良否の判断，将来における経済的資源の流入および流出の判断のための情報提供，のいずれとするかによって，収益や費用の定義や認識基準は異なり，したがってまた，利益の額も変化する。一般的に，配当可能額の算定を目的として計算される利益額は，資金性が重視されることから，比較的小さくなり，情報提供を目的として計算される利益額は相対的に大きくなる傾向がある。

### 第 2 項　損益計算書の様式

　損益計算書の様式には，勘定式，と，報告式，とのふたとおりがある。**勘定式**は収益（および利得）と費用（および損失）および当期純利益（ないし損失）とを借方と貸方とに対照表示する様式であって，複式簿記の構造を理解しやすい。**報告式**は，収益と費用と（および利得と損失と）をその発生源泉

別に区分して記載し，それぞれの段階における利益額を明示する様式である。表示の明瞭さおよび情報の有用さから，一般に報告式が採用される。

損益計算書（勘定式）

| | |
|---|---|
| 売上原価 | 売上 |
| 販売費および一般管理費 | 営業外収益 |
| 営業外費用 | 特別利益 |
| 特別損失 | |
| 法人税，住民税，および事業税 | |
| 当期純利益 | |

損益計算書（報告式）

I　売上
II　売上原価
　　　売上総利益
III　販売費および一般管理費
　　　営業利益
IV　営業外収益
V　営業外費用
　　　経常利益
VI　特別利益
VII　特別損失
　　　税引前当期純利益
VIII　法人税，住民税，および事業税
　　　当期純利益

## 第2節　損益の源泉および区分

### 第1項　企業の経営活動と損益の源泉と

　企業が経常的におこなう経営活動には生産活動，販売活動，財務活動，その他の経常的活動がある。

　生産活動や販売活動は企業の主目的たる営業活動であって，「本業」とも呼ばれるものである。原材料の購入，製品の製造，販売，商品の購入，販売，サーヴィスの販売などが本業に該るが，広告宣伝や人事管理といった補助的な活動も主たる営業活動にふくめられる。

　財務活動は企業の資金調達にかかわる活動であって，資金の貸し付け，借り入れ，社債の発行，償還，有価証券の売買などがこれに該る。

　その他の経常的活動は不動産の賃貸や仲介（不動産業のばあいはのぞく）など，企業が本業以外におこなう活動である。

　これらの経常的な活動のほかに，固定資産や売買目的以外の有価証券の売買，災害による損失など，臨時的，偶発的な出来事（取引）が生ずるばあいがある。こうした出来事は企業の純資産額に影響をおよぼすものではあるが，

| 区分 | 損益計算書の表示項目 | 算定される利益 | 損益の源泉 | |
|---|---|---|---|---|
| 営業利益計算 | I　売上<br>II　売上原価 | 売上総利益 | 主たる営業活動（生産活動，販売活動） | 経常的活動 |
| | III　販売費および一般管理費 | 営業利益 | | |
| 経常利益計算 | IV　営業外収益<br>V　営業外費用 | 経常利益 | 営業外活動（財務活動，その他の経常的活動） | |
| 純利益計算 | VI　特別利益<br>VII　特別損失 | 税引前当期純利益 | 臨時的，偶発的な出来事 | |
| | （法人税，住民税，および事業税） | （当期純利益） | （利益額からの控除） | |

いわば異常な出来事であって，企業の正常な活動を反映するものとはいいがたい。

したがって，損益計算書においては，臨時的，偶発的な出来事を源泉とする特別利益および特別損失と，企業の正常な活動（経常的活動）を源泉とする収益および費用とを区別して表示する。経常的活動による収益および費用はさらに，その源泉が主たる営業活動（生産活動や販売活動などの本業）か，営業外の活動（財務活動やその他の経常的活動）かによって区分表示される。

## 第2項　損益計算書の区分

叙上のとおり，損益計算書においては，収益，費用，利得，損失の源泉によって，営業利益計算，経常利益計算，純利損益計算のみっつの区分をもって表示し，それぞれの段階における利益額（営業利益，経常利損益，当期純利益）を明示する。

### ● 営業利益計算

営業利益計算の区分においては売上，売上原価，販売費および一般管理費のみっつの項目が表示される。この区分では企業の主目的たる営業活動（本業）の成果と犠牲とを対応表示することによって，その結果たる営業損益がしめされる。

売上は，企業の主目的たる営業活動において，商品，製品，サーヴィス等の販売によって獲得した収益である。売上原価は販売した商品の取得原価や製品の製造原価などである。売上と売上原価とは直接的な対応関係にあって，その差額は売上総利益として表示される。企業がふたつ以上の営業を目的とするばあいには，原則として，売上，売上原価，および売上総利益を営業ごとに分けて表示することとなる。

販売費および一般管理費は企業の主目的たる営業活動において要した費用のうち，売上原価に算入されないものである。このうち，商品や製品の販売に直接に要した費用が販売費であって，販売手数料，運送料，広告宣伝費，保管料などがこれに該当する。一般管理費は，販売に直接には関係しないが，

企業の営業活動において不可欠の，経常的に発生する費用である。給料，賃金，法定福利費，水道光熱費，減価償却費などがこれに該当する。

### 🔴 経常利益計算

　経常利益計算の区分においては財務活動や営業外活動によって生ずる営業外収益と営業外費用とが表示される。前出の営業利益計算の区分でしめされる営業利益にこれらを加減することによって，企業の経常的な活動の結果たる経常利益がしめされる。

　営業外収益や営業外費用として表示される財務活動の項目には受取利息，支払利息，社債利息，受取配当金，売買目的有価証券の有価証券売却損益や評価損益などがある。営業外活動の項目には不動産の賃貸や仲介（不動産業のばあいはのぞく）による賃貸料や受取手数料，そのために要した諸費用などがある。

### 🔴 純利益計算

　純利益計算の区分においては臨時的，偶発的な出来事によって生ずる特別利益および特別損失と法人税等とが表示される。前出の経常利益計算の区分でしめされる経常利益にこれらを加減することによって，最終的な利益たる当期純利益がしめされる。

　特別利益や特別損失の項目には固定資産の売却損益や除却損，災害損失，過年度損益修正などがある。

　（なお，「第6章」に述べられた税効果会計の手続き上，損益計算書においては，一時差異にかかわる税額が**法人税等調整額**として計上されるが，詳細は割愛する。）


### 第3項　種々の利益

損益計算書においては以下の5種類の利益が表示される。

### 🔴 売上総利益（売上－売上原価）

　売上から売上原価を控除した額であって，「粗利」ともいう。企業の主目的たる営業活動（生産活動や販売活動，すなわち本業）の結果をしめすもっと

も単純な指標となるが，広告宣伝にかかる費用や人件費等が考慮されていないことから，営業活動の良否を判断する指標としてはこれよりも営業利益をもちいることのほうが多い。

🔴 **営業利益**（売上総利益－販売費および一般管理費，ないし，売上－売上原価－販売費および一般管理費）

売上総利益から販売費および一般管理費を引いた額である。企業の主目的たる営業活動による売上から，これに対応する費用，すなわち売上原価と販売費および一般管理費とを控除した額でもある。企業の主目的たる営業活動（本業）の結果をしめす指標となる。

🔴 **経常利益**（営業利益＋営業外収益－営業外費用，ないし，営業利益＋営業外活動による損益）

営業利益に営業外収益と営業外費用とを加減した額である。企業の主目的たる営業活動（本業）の結果と，営業外活動（本業以外の経常的な活動，すなわち財務活動やその他の経常的な活動）の結果とを総合的にしめす指標でもある。企業が経常的におこなう経営活動の結果を判断する指標であって，「期間利益」ともいう。企業の正常な活動の良否を判断するさいにはこの経常利益がもちいられる。

🔴 **税引前当期純利益**（経常利益＋特別利益－特別損失，ないし，経常利益（＝営業利益＋営業外活動による損益）±臨時的，偶発的な利得，損失）

経常利益に特別利益と特別損失とを加減した額である。企業の経常的な経営活動にくわえて，臨時的，偶発的な利得，損失や過年度損益修正を反映し，当期における企業の資本（ないし純資産）の増減額をしめす最終的な指標となる。

🔴 **当期純利益**（税引前当期純利益－法人税，住民税，および事業税）

税引前当期純利益から法人税，住民税，および事業税を控除した額である。法人税等を費用とするか否かについては意見の分かれるところである。

利益を配当の源泉とする考え方によれば，税の支払いによって配当の源泉たる処分可能利益が減少するため，法人税等は費用の一項目となる。また，

利益を企業の資本（ないし純資産）の増減額ととらえるばあいも同様である。

他方また，法人税等の税は，費用ではなくして，利益の控除項目として位置づけられる。法人税等の税額は収益，費用（および利得，損失）の差額たる利益額にもとづいて算定されるものであることから，これを費用や損失とは区別し，利益の控除とするのである。さらに，利益を企業の経営活動の良否を判断する指標とする考え方においても，こうした税額は企業の経営努力を直接的に反映するものとはいいがたいため，収益に対応する犠牲としての期間費用（期間利益の計算にもちいられる費用）とは区別すべきであるし，また，臨時的，偶発的な出来事によって生ずる特別損失にも該当しないとされることになる。

ただし，税効果会計は法人税等を費用とする考え方にもとづいている。

（法人税等を費用とするか否かという議論は会計主体論においても論じられるばあいがある。企業を資本主（株主）のものととらえる資本主論や代理人論にもとづけば，法人税等もその他の費用も同様に，資本主に帰属する持ち分を減らす費用，である。また，企業主体論にもとづくばあいも，これらは等しく費用としてとらえられる。これにたいして，企業体論によるばあい，こうした税は，国などに帰属すべき利益の分配，としてとらえられる。）

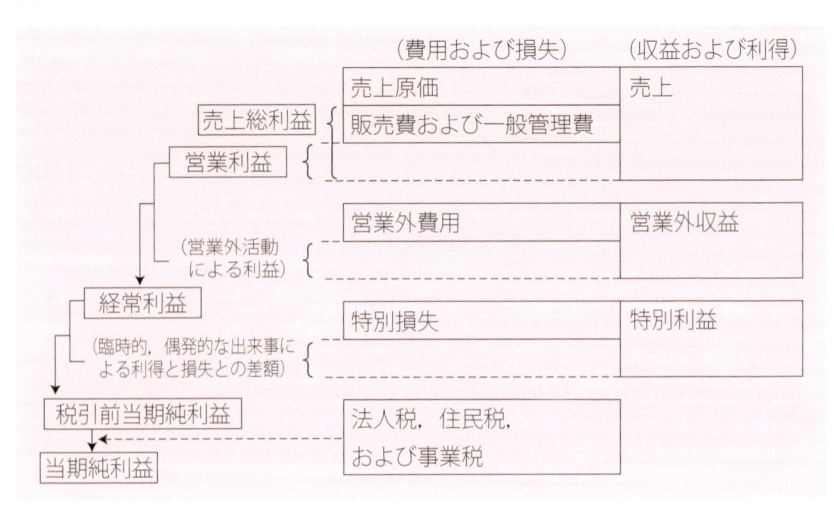

|  | （費用および損失） | （収益および利得） |
|---|---|---|
| 売上総利益 { | 売上原価 | 売上 |
| 営業利益 { | 販売費および一般管理費 |  |
| （営業外活動による利益） { | 営業外費用 | 営業外収益 |
| 経常利益 |  |  |
| （臨時的，偶発的な出来事による利得と損失との差額） { | 特別損失 | 特別利益 |
| 税引前当期純利益 | 法人税，住民税，および事業税 |  |
| 当期純利益 |  |  |

## 第3節　損益計算書の表示原則

### 第1項　総額主義と純額主義と

**総額主義**とは，収益および費用の総額を表示し，しかるのちに利益（ないし損失）を表示するもの，である。利益の獲得過程を相殺することなく表示するため，企業の経営活動が網羅的にしめされるのみならず，活動規模や利益率などの情報ももたらされる。売上，売上原価，販売費および一般管理費は企業の主たる営業活動によって生ずる収益，費用であって，対応関係にある。こうした収益，費用は企業の経営活動を判断するさいにもっとも重要な要素であることから，重要性の乏しいものをのぞき，総額主義によって表示しなければならない。

**純額主義**とは，対応関係にある同種の収益と費用とを相殺し，その差額たる利益のみを表示するもの，である。企業の経営活動の結果たる利益のみを明示することができるが，その獲得過程はしめされない。損益計算書においては，重要性の低い項目など，利益の明示を優先すべき項目については純額で表示される。たとえば運用益の獲得を目的とする売買目的有価証券は，銘柄の違いは重要ではないことから，売却益と売却損と，評価益と評価損とを相殺し，純額で表示される。しかし，売買目的以外の有価証券の売却損益や固定資産の売却損益などは，対応関係にあるとはみなしえないため，相殺はおこなわない。

### 第2項　当期業績主義と包括主義と

**当期業績主義**とは，損益計算書において，当期における企業の経営活動の結果をしめす期間利益を表示しようとするもの，である。期間利益は営業活動や財務活動など，企業が経常的におこなう活動，いわば企業の正常な経営活動の結果をしめす指標であって，経常利益がこれに該当する。経常利益は臨時的，偶発的な利得や損失の影響を受けないため，当期における経営活動を判断する指標となるだけでなく，企業の期間比較をおこなうさいにも利用

される。

　**包括主義**とは，損益計算書において，当期に生じたすべての収益，費用，利得，損失を表示し，当期における純利益を表示しようとするもの，である。包括主義においては，臨時的，偶発的な利得や損失を反映した税引前当期純利益，さらには，そこから法人税等を控除した当期純利益が表示される。税引前当期純利益や当期純利益は企業の正常な経営活動の結果を判断するには適当ではないが，資本（ないし純資産）の増減額をしめす最終的な利益である。

　現在のいわゆる制度上の損益計算書は基本的には包括主義にもとづいているが，区分表示をおこなうことによって，当期業績主義および包括主義の双方の利点を取り入れたものとなっている。

# 第8章 キャッシュ・フロウ計算書 ◆編者註30

## 第1節　利益と収支と

　企業の目的は，もうけること，すなわち，利益の獲得，である。もうけ，すなわち利益は収益から費用を差し引いた残りとして計算される。収益は企業が営業活動から得たもの（もうけのプラス要素）であって，費用は収益を得るために犠牲となったもの（もうけのマイナス要素）である。収益が生ずると現金や売掛金などの資産が増加する。しかし，収益を得るためには現金や商品などの資産が減少する。したがって，利益は企業の資産の純増加としてもしめされる。つまり，利益が計上されると，利益の額に等しい額の純資産が増加するのであって，利益の額に等しい額の現金が増加するわけではない。現金の増加は「収入」，現金の減少は「支出」と呼ばれ，収入と支出との差額は「収支」と呼ばれる。

　たとえば商品を100円で購入し，代金を現金で支払ったとする。その商品を120円で掛け売りしたばあい，利益は20円になるが，収支は△（マイナス）100円である。

　利益20円は収益たる商品の売上120円から販売した商品の購入時の価格（売上原価）100円を差し引くことによって計算される。

　収支は現金の，入り，と，出，とからなる。商品の購入時に100円の現金

> **編者註30**　いわゆる制度上は「キャッシュ・フロー計算書」と表記される（なお，「フロウ」という表記は編者の意嚮による）。

|  | 利益 | 収支 |
|---|---|---|
| 売上 | 120 |  |
| 売上原価 | 100 |  |
| 収入（商品の販売） |  | 0 |
| 支出（商品の購入） |  | 100 |
|  | 20 | △100 |

を支払っていることから，現金の出は100円である。しかし，掛け売りのため，商品の販売時点においては現金を受け取っていない。したがって，現金の入りは0円であって，収支は△100円となる。

　利益は商品というもののふたつの側面，すなわち購入時点の価値と販売時点の価値との差額として計算されている。一般に利益は営業活動の成果をしめしているが，収支はたんに現金の入りと出との差額として計算され，現金の増加，減少の結果をしめしている。期間利益計算と発生主義とによって規定される近代会計においては利益と収支とが一致しないことがほとんどである。

## 第2節　キャッシュ・フロウ計算書

　利益は損益計算書および貸借対照表のふたつの財務表において計算される。損益計算書においてはその会計期間の利益の増加要因と減少要因とがしめされ，その期間の利益が計算される。また，その利益は，資本（純資産），として貸借対照表にもしめされる。

　収支については，決算時点の現金の在り高は貸借対照表にしめされるが，会計期間における現金の入りと出とは損益計算書や貸借対照表にはしめされていない。したがって，1会計期間の収入（現金の増加）および支出（現金の減少）について知りたいということになれば，収支についてまとめられた財務表が新たに必要になる。その財務表が，キャッシュ・フロウ計算書，で

ある。

　**キャッシュ・フロウ計算書**は，営業活動，投資活動，財務活動，のみっつの側面から企業の1期間における収支の情況をまとめている。

　**営業活動**とは，商品の購入から販売にいたるまでの活動，であって，購入，販売に附随する信用取引（掛けや手形による代金のやりとり）や販売，管理にかんする活動もこれにふくまれる。

　**投資活動**には建物，備品などの有形固定資産の購入，売却活動のほか，有価証券の売買や貸し付けにかんする活動がふくまれる。

　**財務活動**とは，資金調達にかんする活動，であって，具体的には株式，社債の発行や借り入れ，減資，社債の償還，借入金の返済などの活動がこれにふくまれる。

　以上の諸活動の収支はそれぞれ「営業活動によるキャッシュ・フロウ」，「投資活動によるキャッシュ・フロウ」，「財務活動によるキャッシュ・フロウ」と呼ばれている。

## 第3節　キャッシュ・フロウ計算書の表示および作成

### 第1項　直接法と間接法と

　キャッシュ・フロウ計算書の表示には，直接法，および，間接法，のふたつの方法がある。キャッシュ・フロウ計算書はただし，直接法と間接法との別を問わず，営業活動によるキャッシュ・フロウ，投資活動によるキャッシュ・フロウ，財務活動によるキャッシュ・フロウ，のみっつに区分されている。直接法と間接法との異同は，この3区分のうち，営業活動によるキャッシュ・フロウの表示についてのみである。

　**直接法**においては，商品や製品の売上収入から仕入支出，人件費などの営業支出を差し引き，営業活動によるキャッシュ・フロウが計算される。**間接法**においては，利益（一般には税引前当期純利益）に，営業活動により生ずる資産や負債の増加減少，と，非資金的損益項目，とを加減することによって

営業活動によるキャッシュ・フローが表示される。

### 第2項　非資金的損益項目

　間接法によるキャッシュ・フロー計算書における非資金的損益項目とは，現金支出をともなわない費用（非資金的費用），および，現金収入をともなわない収益（非資金的収益），のことである。

　非資金的費用の例としては減価償却費，引当金の繰り入れ，費用の未払い分などがある。たとえば減価償却のばあい，有形固定資産の購入時に現金支出がなされたとしても，その現金支出額の全額が購入時に費用として計上されるのではなく，決算において，その支出額の一部が減価償却費として計上される。すなわち，減価償却（費用計上）時には現金の支出はなされない。こうした費用が現金支出をともなわない費用である。

　非資金的収益の例としては有価証券の評価益，引当金の戻し入れ益，収益の未収分などがある。たとえば有価証券の評価益は決算時に帳簿価格よりも市場価格のほうが高かったばあいに計上される収益であるが，この収益の計上にともなって現金収入は生じない。

### 第3項　キャッシュ・フロー計算書の作成

　キャッシュ・フロー計算書の作成方法にはふたつの方法がある。

　ひとつは損益計算書および2期間の貸借対照表（比較貸借対照表）をおもに利用して（ただし，若干の明細書，利益処分にかんする資料も必要）キャッシュ・フロー計算書を作成する方法である。これは複式簿記の手続きを経て作成された財務諸表を利用してキャッシュ・フロー計算書を作成する方法である。

　いまひとつは複式簿記の仕組みにキャッシュ・フロー計算書を作成するための勘定組織を組み入れ，損益計算書や貸借対照表のばあいと同様，期末の決算における勘定の集計によってキャッシュ・フロー計算書を作成する方法である。

この２方法のうち，前者の損益計算書および比較貸借対照表をもちいる方法が一般的であるため，以下においてはこの方法について説明する。

　損益計算書と比較貸借対照表とをもってするキャッシュ・フロウ計算書の作成においては，損益計算書の利益，を，比較貸借対照表から得られる各勘定の差額，をもちいて，収支，へと調整する。この調整は下記のようなルールに遵っておこなわれる。

#### 利益から収支への調整のルール

|  | 現金の減少<br>（資金の運用） | 現金の増加<br>（資金の調達） |
|---|---|---|
| 資産の勘定<br>（現金以外） | 増加 | 減少 |
| 負債の勘定 | 減少 | 増加 |
| 資本の勘定 | 減少 | 増加 |

　企業の資金の流れは，負債，資本によって現金が調達され，その現金が資産の購入に遣われ，購入された資産が売却されることによって現金が回収される，といったようにとらえられる。

　現金以外の資産の勘定が増加している，ということは，現金を遣ってその資産を手に入れた，ということである。したがって，資産の増加は現金を減少させることになる。他方，現金以外の資産が減少している，ということは，その資産を手放すことによって現金を手に入れた，ということである。したがって，資産の減少は現金を増やすことになる。

　また，負債や資本の増加はたとえば銀行からの借り入れなどのばあいであるが，借り入れをおこなえば現金が増加し，借入金を返済すれば現金が減少する。これと同様，株式を発行すると資本が増加するとともに現金も増加する。したがって，負債，資本の増加は現金の増加を，負債，資本の減少は現金の減少をもたらすことになる。

　叙上のことは貸借対照表の借方，貸方の意味と同様に理解することがで

きる。貸借対照表の貸方は資金の調達情況をしめし，借方は資金の運用情況をしめしている。この，資金，を，現金，とすれば（「資金」という概念については後述される），貸借対照表の貸方は現金という資金の調達情況をしめし，借方は現金という資金の運用情況をしめしていることになる。したがって，貸方にしめされる負債や資本は現金の調達をしめしていることになるため，負債や資本の増加は現金を増加させ，減少は現金を減少させる。他方，借方にしめされる資産は調達した現金の用途をしめしていることになるため，資産の増加は現金を減少させ，減少は現金を増加させる。

以下においては，下記の簡単な設例をもちいて，損益計算書と比較貸借対照表とをもってするキャッシュ・フロウ計算書の作成の手順を解説する。

X2年度の収支は比較貸借対照表の現金勘定の差額△7である。税引後利益は33であるから，収支と利益とには40のずれがある。このずれは非資金的損益項目ならびに資産，負債，および資本の増減によって調整される。

**比較貸借対照表**

|  | X1年度末 | X2年度末 | 差額 |
|---|---|---|---|
| 現金 | 100 | 93 | △7 |
| 売掛金 | 200 | 250 | 50 |
| 商品 | 300 | 200 | △100 |
| 有価証券 | 30 | 50 | 20 |
| 建物 | 0 | 500 | 500 |
| 備品 | 400 | 320 | △80 |
| 資産合計 | 1,030 | 1,413 |  |
| 買掛金 | 150 | 100 | △50 |
| 借入金 | 300 | 200 | △100 |
| 資本金 | 500 | 1,000 | 500 |
| 未処分利益 | 80 | 113 | 33 |
| 負債，資本合計 | 1,030 | 1,413 |  |

### X2年度損益計算書

| | |
|---|---|
| 売上 | 350 |
| 売上原価 | 200 |
| 売上総利益 | 150 |
| 減価償却費 | 80 |
| 営業利益 | 70 |
| 支払利息 | 15 |
| 経常利益（税引前利益） | 55 |
| 税金 | 22 |
| 税引後利益 | 33 |

比較貸借対照表にしめされた前期（X1年度）と当期（X2年度）との差額のうち，現金勘定以外の勘定の差額を前出の，利益から収支への調整のルール，によって集計すると以下のようになる。

**表1**

| | |
|---|---|
| 売掛金の増加 | △50 |
| 商品の減少 | 100 |
| 有価証券の増加 | △20 |
| 建物の増加 | △500 |
| 備品の減少 | 80 |
| 買掛金の減少 | △50 |
| 借入金の減少 | △100 |
| 資本金の増加 | 500 |
| 未処分利益の増加 | 33 |
| 合計 | △7 |

**表2**

| | |
|---|---|
| 税引後利益（**表1** 未処分利益の増加） | 33 |
| 売掛金の増加 | △50 |
| 商品の減少 | 100 |
| 有価証券の増加 | △20 |
| 建物の増加 | △500 |
| 減価償却費（**表1** 備品の減少） | 80 |
| 買掛金の減少 | △50 |
| 借入金の減少 | △100 |
| 資本金の増加 | 500 |
| 現金の増減（**表1** 合計） | △7 |

表1にしめされるように，比較貸借対照表の現金勘定以外の勘定の増減の合計は収支（現金勘定の増減）と等しくなっている。未処分利益の増加，はすなわち，税引後利益，であることから，税引後利益にたいして表1の，売掛金の増加，から，資本金の増加，まで，の数値を加減することによって，収支への調整，ができることになる。これを，利益から収支への調整，という形の並べ方にしたのが表2である。

非資金的損益項目は利益から収支への調整のために必要であるが，表1のばあい，非資金の損益項目たる減価償却費はこれをふくめることなく，利益から収支への調整ができている。非資金的費用たる減価償却費は，貸借対照表の備品勘定の減少分80，としてこの調整にふくめられているからである。

備品の減少は，前期末に所有していた備品を売却したことによるものではなくして，減価償却によるものである。したがって，備品そのものは前期末と同様に存在している。そのため，表2においては，備品の減少分△80が，備品の減少，ではなくして，減価償却費，としてしめされている。

表2にもとづいて間接法によるキャッシュ・フロウ計算書を作成すると次頁のようになる。一般には，税引前利益，にたいして調整をおこなうため，営業活動によるキャッシュ・フロウ，に，税金の支払い，が記載される。また，支払利息は非資金的項目ではないことから，そのままでは表示されないが，キャッシュ・フロウ計算書には利息の実際支払い額を記載することが一般的であることから，営業活動によるキャッシュ・フロウ，にふくめる一方，営業活動によるキャッシュ・フロウ，の小計後に支出として記載されている。

また，直接法によるキャッシュ・フロウ計算書を作成すると次頁のようになる。営業活動によるキャッシュ・フロウ，は，営業活動において現金支出をともなった費用が営業収入から差し引かれる，という形にて表示される。そのため，減価償却費は表示されない。なお，間接法によるキャッシュ・フロウ計算書との異同は，営業活動によるキャッシュ・フロウ，の部分のみであることから，投資活動によるキャッシュ・フロウ，財務活動によるキャッシュ・フロウ，は省略されている。

## キャッシュ・フロウ計算書（間接法）

| | |
|---|---|
| 税引前利益（経常利益） | 55 |
| 売掛金の増加 | △50 |
| 商品の減少 | 100 |
| 買掛金の減少 | △50 |
| 減価償却費 | 80 |
| 支払利息 | 15 |
| 小計 | 150 |
| 利息の支払い | △15 |
| 税金の支払い | △22 |
| 営業活動によるキャッシュ・フロウ | 113 |
| 有価証券の増加 | △20 |
| 建物の増加 | △500 |
| 投資活動によるキャッシュ・フロウ | △520 |
| 借入金の返済 | △100 |
| 増資 | 500 |
| 財務活動によるキャッシュ・フロウ | 400 |
| 現金の増減 | △7 |
| 期首現金 | 100 |
| 期末現金 | 93 |

## キャッシュ・フロウ計算書（直接法）

| | |
|---|---|
| 営業収入 | 300 |
| 商品の仕入支出 | △150 |
| 小計 | 150 |
| 利息の支払い | △15 |
| 税金の支払い | △22 |
| 営業活動によるキャッシュ・フロウ | 113 |

営業収入は通常の営業活動による収入である。この営業収入の300は売上350から売掛金の増加分50を差し引いて計算されている。前期末の売掛金がすべて当期に回収されていれば200の売上収入が当期に計上され，さらに，当期の売上350がすべて現金によるものであれば売上収入は550となる一方，売掛金は0ということになるが，しかし，250の売掛金があるということはすなわち，550から売掛金250を差し引いた300が当期の売上収入になる（つまり，当期の売上350から売掛金の増加分50を差し引いた額になる）。

　また，商品の仕入支出は以下のように計算されている。前期末の買掛金をすべて当期に支払っていれば150の仕入支出が当期に計上され，さらに，当期の仕入100（売上原価200＋期末商品在り高200－期首商品在り高300＝100）がすべて現金によるものであれば仕入支出は250となる一方，買掛金は0ということになるが，しかし，100の買掛金があるということはすなわち，250のうちの100は支払っていないということであるから，250－100＝150，が当期の仕入支出になる。

## 第4節　資金計算書およびその役割

### 第1項　資金計算書とキャッシュ・フロウ計算書と

　前節まではキャッシュ・フロウ計算書を，企業の1期間における現金の動きをまとめたもの，として説明してきたが，いわゆる制度上は，現金および現金同等物，が資金の範囲とされ，1期間における資金情報を開示する財務表がキャッシュ・フロウ計算書，とされている（ちなみに，制度上，そうしたキャッシュ・フロウ計算書の役割は，現金創出能力，負債返済能力，配当支払い能力，利益の質，を評価すること，とされている）。

　**現金同等物**とは，定期預金や公社債投資信託など，取得日から満期日ないし償還日までの期間が3か月以内の短期投資，のことである。即時に換金が可能であって，資金計算書の作成時点と換金時点とにおいて，額に大きな変動がないものである。

資金情報を開示する計算書は「資金計算書」と総称され，資金の動きを調達と用途とに分けてまとめたものである。資金の範囲（資金概念）をどのようにとらえるかによって，いろいろな資金計算書を作成することができる。キャッシュ・フロウ計算書はそうした資金計算書のひとつである。

### 第2項　資金計算書の役割

　経営者，株主など，企業の利害関係者は企業の収益力にもっとも関心をよせる。高い収益力はこれが株主に多くの配当を支払うことを可能にし，経営者にとっては経営規模の拡大や安定した経営を可能にするからである。

　利益の多寡ないし利益獲得の効率性として評価される収益力は企業の長期的な支払い能力にも寄与する。しかし，利益があっても，短期的に安定した経営がおこなえるとはかぎらない。借入金や買掛金などの負債を期日に返済することができなければ，企業は存続することができない。企業は経営において生ずるさまざまな支払いを期日に滞りなくおこなえてこそ，安定した経営ができる。したがって，企業の支払い能力はこれも，収益力と同様，利害関係者にとって重要な関心事である。

　そもそも資金計算書は利益以外の貸借対照表項目の変動を知るために作成された計算書であって，損益計算書と貸借対照表とによるだけでは分からない部分を明らかにするために作成された分析表であった。

　利益の変動要因は損益計算書によって分かるが，利益以外の貸借対照表項目を変化させた要因は損益計算書と貸借対照表とによるだけでは分からない。そうした利益以外の貸借対照表項目の変化を明らかにするために作成された計算書が資金計算書の原型である。貸借対照表は企業の財政状態をしめす財務表であることから，貸借対照表の期間変動をまとめた計算書は「財政状態変動表」と呼ばれることもある。この財政状態変動表をもとに，資金がどのように集められ，どのように遣われたか，が明らかになるように作成された計算書が資金計算書である。

　貸借対照表においては，企業の支払い情況について，期末時点における，

結果，は知ることができるものの，フロウの情況は知ることができない。そのため，フロウの情況を知るための計算書，という役割が貸借対照表の期間変動から作成される資金計算書にもとめられるようになった。

### 第3項　支払い能力の評価とキャッシュ・フロウ計算書と

　企業の支払い能力とは，企業が期日に負債などの支払いをおこなえるかどうか，ということである。

　この支払い能力は，返済期日までに返済に必要な現金を調達することができるか，によって評価されるものであって，いま現在，現金をどれだけもっているか，によって評価されるものではない。したがって，借り入れ能力，所有する資産の処分価値，原価節減能力，配当引き下げの弾力性，増資によって資金を調達する能力などが企業の支払い能力を測る要素となる。

　キャッシュ・フロウ計算書は過去における現金（および現金同等物）の変動をしめしている。すなわち，企業がどのようにして現金を調達し，なにに遣ったかがしめされるのであって，将来における支払い能力がしめされているわけではない。キャッシュ・フロウ計算書は，支払い能力を評価するための材料として過去のキャッシュ・フロウの情況を知る，ということがその利用目的ということになる。

　ただし，企業の支払い能力の評価において，かつては，運転資本，が重視されていた。キャッシュ・フロウ計算書が制度化されるまえには，運転資本を資金の範囲とする計算書，がよく作成され，利用されていた。

### 第4項　運転資金計算書

　**運転資本**は広義には，流動資産から流動負債を差し引いたもの，である。資産，負債の流動，固定の分類は，正常営業循環基準，および，1年基準，によってなされる。流動資産は，購入，販売，販売代金の回収という営業循環にある資産，および，1年以内に換金される資産，である。流動負債は，仕入債務や営業活動にかかわる金銭債務など，営業循環において支払いがな

### 運転資金計算書（間接法）

| | |
|---|---:|
| 税引前利益（経常利益） | 55 |
| 減価償却費 | 80 |
| 税金の支払い | △22 |
| 営業活動による運転資金の増減 | 113 |
| 建物の増加 | △500 |
| 投資活動による運転資金の増減 | △500 |
| 借入金の返済 | △100 |
| 増資 | 500 |
| 財務活動による運転資金運の増減 | 400 |
| 運転資金の増減 | 13 |
| 期首運転資金 | 480 |
| 期末運転資金 | 493 |

### 運転資金明細書（間接法）

| | X1年度 | X2年度 | 増減 |
|---|---:|---:|---:|
| 現金 | 100 | 93 | △7 |
| 売掛金 | 200 | 250 | 50 |
| 商品 | 300 | 200 | △100 |
| 有価証券 | 30 | 50 | 20 |
| 買掛金 | (150) | (100) | 50 |
| 合計 | 480 | 493 | 13 |

される負債，および，1年以内に支払い期日が到来する負債，である。

　流動資産は流動負債よりも多いのが通常であることから，流動資産によって流動負債が支払われた残りがすなわち運転資本であって，これは（おおよそ）1年以内に現金化される資産の余剰を意味している。したがって，運転資本は，1年以内に支払いにあてることができる，という意味における支払い能力の余裕を意味している。財務諸表の数値をもちいた比率分析において

企業の，安全性，を測るためによくもちいられる，流動比率，は運転資本を支払い能力の判断基準にした比率である（この，流動比率，については「第10章」に述べられる）。このような運転資本を資金の範囲とする資金計算書は「運転資金計算書」ないし「運転資本運用表」と呼ばれている。

　貸借対照表の貸方の総額に変化がなければ，固定資産の減少は運転資本を増加させ，固定資産の増加は運転資本を減少させる。また，固定資産の額に変化がないばあい，固定負債や資本が増加すれば運転資本は増加し，固定負債や資本が減少すれば運転資本は減少する。したがって，運転資金計算書は，流動資産，流動負債以外の固定資産，固定負債，資本の変動が運転資本の変動にどのような影響をあたえたのか，をしめす計算書ということになる。

　運転資金計算書だけでは（すなわち，前頁のような運転資金明細書がなければ）運転資本の構成要素の変動を知ることはできない。しかし，運転資本を構成する要素は（購入によって生じた買掛金が販売によって生じた売掛金の回収によって得た現金によって支払われるように，また，買掛金の支払いのために調達した短期借入金であっても，いずれは売掛金の回収によって得た現金によって支払われるように）経営活動において自然に回転するものである。運転資本はそうした経営活動の自然な資金の回転における余剰である。

　そのため，固定資産，固定負債，資本の変動が運転資本の変動にどのような影響をあたえたのか，をしめす運転資金計算書からは，運転資本の増加が安全な（1年超の将来に返済期日をむかえる）資金の調達によるものとなっているか，といったことや，固定資産の購入が運転資本による危険な（1年以内の返済にあてるべき流動資産による）ものとなっていないか，といった企業の財務安全性にかんする示唆を得ることができる。

### 第5項　キャッシュ・フロウ計算書と運転資金計算書と

　ところで，流動資産に分類される棚卸資産や有価証券などは，短期に現金に変わる可能性の高い資産ではあるものの，営業活動における資金の回収過程にある資産ではなくして，投資過程，にある資産である。売却されて現金

ないし金銭債権になるこうした資産のばあい，その貸借対照表上の価額は売却によって得られる現金の額をしめしているわけではない。つまり，棚卸資産や有価証券などのばあい，その貸借対照表上の価額は将来に売却されたときのおおよその現金収入額をしめしているのである。このように投資過程にある資産には資産評価の問題が生ずるため，こうした資産を資金の範囲にふくめる運転資本は，支払い能力の評価基準として適当ではない，ともいわれている。

　一方，現金および現金同等物を資金の範囲とするキャッシュ・フロウ計算書は最終的な支払い手段たる，現金，を資金の範囲とし，現金以外の貸借対照表項目の変動はこれを，現金の調達，ないし，現金の用途，としてとらえている。したがって，棚卸資産や有価証券などの変動は資金の範囲にはふくまれず，こうした資産の増加は，現金の用途，減少は，現金の調達，としてしめされることになる。そのため，運転資本のように資産評価の問題をともなうことはなく，また，最終的な支払い手段たる現金の変動をまとめたキャッシュ・フロウ計算書のほうが支払い情況を明確にしている，ともいえる。

　資金の範囲を現金とするキャッシュ・フロウ計算書は過去の支払い情況を運転資金計算書よりも詳細にしめすことができる。しかし，将来の支払い能力の評価という点においては運転資金計算書よりも劣るようにもおもわれる。資金の範囲に棚卸資産や有価証券などをふくめる運転資本は，実際に現金になるかという不確実性はあるものの，将来に現金になる資産の余剰をしめすことによって，企業の支払い能力をしめしている，ともいえるからである。

### 第6項　その他の資金概念

　運転資本の構成要素たる棚卸資産や有価証券は，ともに投資過程にある資産ではあるものの，即時に換金が可能かという点においては性格を異にしている。証券市場において取引される有価証券は，貸借対照表価額にて売却することができるかどうかはさておき，即時に換金が可能である。しかし，棚

卸資産は確実に売却されるとはかぎらず，不良在庫として損失処理されることもある。

こうしたことを考慮した資金概念に即時に換金が可能な資産のみを資金の範囲にふくめる，当座資金，というものがある。この当座資金は具体的には，現金および短期的な金銭債権（売掛金や受取手形のような売上債権および市場において即時に売却しうる有価証券）から1年以内に返済しなければならない金銭債務（買掛金や支払手形のような仕入債務および短期借入金）を差し引いたもの，である。当座資金はしたがって，即時に換金が可能な資産の余剰をしめしている。

また，短期借入金は1年以内に返済しなければならないとはいえ，借り入れは財務活動の一環であることから，当座資金から短期借入金を差し引いた，支払い資金，という資金概念もある。この支払い資金は具体的には，現金と営業活動にかんする金銭債権（売掛金や受取手形）との合計から営業活動にかんする金銭債務（買掛金や支払手形）を差し引いたもの，である。営業活動に附随する金銭債権や金銭債務は営業活動において自然に回転する（買掛金は売掛金の回収によって得られた現金によって支払われる）ため，支払い資金は回収過程にある（回収されれば現金になる）資産の余剰をしめしている。

## 補　節　日本の会計制度における資金計算書の変遷

◆編者註31

キャッシュ・フロー計算書は1998年に設けられた**連結キャッシュ・フロー計算書等の作成基準**によって翌1999年に作成が義務づけられた財務表である。

キャッシュ・フロー計算書が導入をみるまえには，資金繰表，や，資金収

> **編者註31**　これまでは「キャッシュ・フロウ計算書」としてきたが，編者註30に述べられたように，制度上は「キャッシュ・フロー計算書」と表記されるため，制度について述べるこの「補節」にかぎり，「キャッシュ・フロー計算書」とする。

支表，がいわば，財務諸表の埒外にあって資金情報を開示する計算書，としてもちいられていたが，このキャッシュ・フロー計算書は損益計算書，貸借対照表と同様，財務諸表のひとつとして位置づけられている。

### ● 資金繰表

資金繰表による資金情報の開示は1953年の大蔵省令，有価証券の募集又は売出の届出等に関する省令，のもと，有価証券報告書等においておこなわれていた。この資金繰表における資金概念は，現金預金，であった。

### ● 資金収支表

資金収支表による資金情報の開示は1986年に改正された，有価証券の募集又は売出の届出などに関する省令，によるものであった。この資金収支表における資金概念は，現金預金に一時所有の有価証券をくわえたもの，であった。

### ● キャッシュ・フロー計算書

1999年に作成が義務づけられたキャッシュ・フロー計算書においては，現金および現金同等物，が資金とされた。現金同等物とは，定期預金や公社債投資信託など，取得日から満期日ないし償還日までの期間が3か月以内の短期投資，のことである。即時に換金が可能であって，キャッシュ・フロー計算書の作成時点と換金時点とにおいて，額に大きな変動がないものである。

資金収支表において資金の範囲にふくまれていた，一時所有の有価証券，はキャッシュ・フロー計算書において資金の範囲にふくまれる，現金同等物，からは除外されている。したがって，資金繰表の資金概念，と，キャッシュ・フロー計算書の資金概念，とは，資産の価格変動の影響がほとんどなく，資産評価の問題をともなわない，という点において共通しているといえる。ただし，資金収支表において資金の範囲にふくまれていた，一時所有の有価証券，は価格変動の影響は大きいものの，即時に換金が可能である。したがって，日本の資金計算書は一貫して，即時に換金が可能な資産，を構成要素とする資金概念を採用してきたといえる。

# 第9章 連結財務諸表

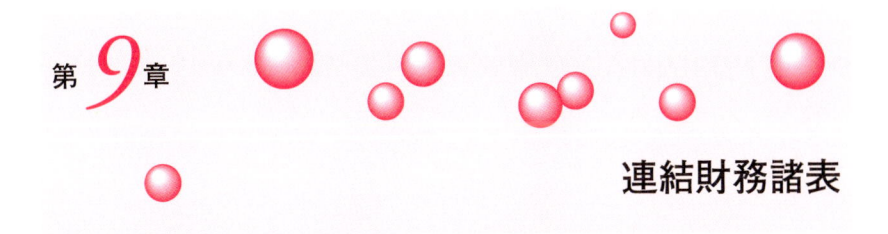

## 第1節　連結財務諸表の必要性

　事業規模の拡大等にともなって現代の企業活動は，個々の企業が単独で経済活動を営むよりも，支配従属関係にある親会社と子会社とが企業集団を形成し，相互に連携しつつ経済活動を展開することのほうが多くなっている。たとえば製造業では，原材料の入手を担当するA社，原材料を部品に加工するB社，部品から製品を製造するC社，完成した製品を販売するD社，というように各社で役割を分担し，連携して事業をおこなうなどしている。

　そのようななかにあって，法的に独立した個々の企業が作成する**個別財務諸表**は如上の企業集団の一部たる各社の会計情報を提供するにとどまり，企業集団全体の会計情報を提供するものではない。したがって，叙上の例でいえば，A社からD社までの4社が一体となってひとつの事業をおこなっていることから，個別財務諸表が提供する部分的な個々の企業の会計情報からは事業全体としての成否にかんする判断や将来性の予測は困難である。企業集団として相互に連携して経済活動をおこなっているのであれば，経済的事実に照らしても，また，利害関係者への情報提供の観点からも，この集団を単一の組織体とみなし，企業集団全体の財務諸表を作成することがむしろ合理的である。

　このように支配従属関係にあるふたつ以上の会社や事業体からなる企業集団を単一の組織体とみなし，親会社が当該企業集団の財政状態および経営成績を綜合的に報告するために作成する財務諸表を「**連結財務諸表**」という。

この連結財務諸表（会社法などにおいては「連結計算書類」と呼ばれる）は，**連結財務諸表原則，連結財務諸表の用語，様式及び作成方法に関する規則（連結財務諸表規則），会社法，会社計算規則**，などにおいて，その作成および表示方法が定められている。ここではおもに連結財務諸表原則に則して，連結貸借対照表，連結損益計算書，連結株主資本等計算書，連結キャッシュ・フロー計算書，といった連結財務諸表について説明する。

## 第2節　一般原則および一般基準

### 第1項　一般原則

「第4章」は企業会計原則にしめされる一般原則について述べたが，連結財務諸表原則も，連結財務諸表作成にかんする規範的原則として，以下のよっつの**一般原則**をしめしている。

🔴 **真実性の原則**
「連結財務諸表は，企業の財政状態及び経営成績に関して，真実な報告を提供するものでなければならない」。

🔴 **個別財務諸表基準性の原則**
「連結財務諸表は，企業集団に属する親会社及び子会社が一般に公正妥当と認められる企業会計の基準に準拠して作成した個別財務諸表を基礎として作成しなければならない」。

🔴 **明瞭性の原則**
「連結財務諸表は，企業集団の状況に関する判断を誤らせないよう，利害関係者に対し必要な財務情報を明瞭に表示するものでなければならない」。

🔴 **継続性の原則**
「連結財務諸表作成のために採用した基準及び手続は，毎期継続して適用し，みだりにこれを変更してはならない」。

また，これらにくわえて，**重要性の原則**，の適用も認められている。

重要性の原則をくわえたこの5原則のうち，真実性の原則，明瞭性の原則，

継続性の原則，および重要性の原則は企業会計原則における同名の原則と同様の意義をもつ。一方，個別財務諸表基準性の原則は，連結財務諸表は企業集団を構成する各社が作成した個別財務諸表を基礎として作成されるべきこと，および，そのさい，個別財務諸表は一般に公正妥当と認められる企業会計の基準に準拠して作成されるべきこと，の2点を要請している。個別財務諸表がこれらの一般原則の要請するところなどに反して財政状態および経営成績を適正に表示していないばあいには，重要な影響をおよぼさないケースをのぞき，適正に修正して連結決算をおこなう必要がある。

### 第2項　一般基準

つぎに連結財務諸表原則は**一般基準**として，連結の範囲，連結決算日，および，親会社及び子会社の会計処理の原則及び手続，をしめしている。

#### ● 連結の範囲

親会社は，原則として，すべての子会社を連結の範囲にふくめて連結財務諸表を作成しなければならない。ここにいう**親会社**とは，会社間の支配従属関係において，他の会社を支配している会社，また，**子会社**とは，支配されている会社，のことである。子会社の範囲が異なると作成される連結財務諸表の内容も異なるため，子会社に該当するかどうかの決定基準，すなわち連結の範囲の決定基準が問題となる。

連結の範囲を決定する基準はいくつかのものがかんがえられるが，上述のように，ある会社（親会社）が他の会社を支配しているかどうか，によって決定する，支配力基準，が適用される。具体的に**支配力基準**とは，他の会社の財務および営業ないし事業の方針を決定する機関（このような機関は「意思決定機関」と呼ばれ，株主総会や取締役会などがある）を実質的に支配しているかどうか，によって連結の範囲を決定する基準，である。この支配力基準においては，支配力の不在がしめされないかぎり，以下の①，②のようなばあいの，他の会社，が子会社に該当することになる。

①　他の会社の議決権の過半数（50％超）を実質的に所有しているばあい。

議決権のある株式ないし出資の名義が役員など，会社以外となっていても，会社が自己の計算で所有しているばあいは会社が実質的に所有しているものとみなす。

② 他の会社の議決権の所有割合が50％以下であっても，高い比率（40％以上）の議決権を有しており，かつ，当該会社の意思決定機関を支配している一定の事実が認められるばあい。ここにいう，意思決定機関を支配している一定の事実が認められるばあい，とはたとえば以下のようなばあいのことである。

- 議決権を行使しない株主の存在や役員，関連会社などの協力的な株主の存在によって株主総会で議決権の過半数を継続的に占めることができると認められるばあい。
- 役員ないし従業員である者あるいはかつてそうであった者が取締役会の構成員の過半数を継続して占めていると認められるばあい。
- 重要な財務および営業の方針決定を支配する契約などが存在するばあい。

また，上記のばあいほか，子会社が他の会社を支配しているばあい（このばあいの他の会社は「孫会社」とも呼ばれる），この他の会社は，これも親会社の支配下にあるとかんがえられるため，子会社とみなされる。

なお，更生会社，整理会社，破産会社などであって，他者の管理下におかれるなど，有効な支配従属関係が存在せず，組織の一体性を欠く会社は子会社に該当しない。また，子会社であっても，支配が一時的なばあいや連結することによって利害関係者の判断をいちじるしく謬らせるおそれのあるばあいは連結の範囲にふくめない。さらにまた，子会社であっても，規模が小さく，重要性が乏しいと判断されるばあいは連結の範囲にふくめないことができる。

以上のような方針のもと，連結の範囲にふくまれる子会社を「**連結子会社**」と呼び，親会社と併せて「**連結会社**」と呼ぶ。一方，連結の範囲にふくまれない子会社は「**非連結子会社**」と呼ばれる。

ちなみに，親会社による子会社株式にたいする保有割合が100％に満たないばあい，子会社には親会社以外の株主が存在することになるが，そのような株主を「**少数株主**」と呼ぶ。連結決算上，少数株主に帰属する子会社の純資産で連結の対象となる部分は，親会社に帰属する部分とは別に，**少数株主持分**◆編者註32，として処理されることになる。少数株主持分は連結貸借対照表の純資産の部において株主資本などとは区別して表示される。

　連結の範囲の決定基準には，上述の支配力基準のほか，議決権つき発行ずみ株式の親会社の持ち分比率（持ち株比率）を判断基準とする，**持ち分基準（持ち株基準）**，もある。しかし，この基準には，支配の度合いが数値によって客観的に判断可能，という長所がある反面，株式保有以外の手段による企業支配が見逃される，という短所，および，支配従属関係にあるにもかかわらず，意図的に持ち分比率を下げて連結の範囲から除外することによる連結数値の操作が可能となる，という短所がある。このため，連結財務諸表に支配従属関係にもとづく経済的実態を反映させることができ，恣意的な数値操作も防ぐことができるとかんがえられる支配力基準が採用されている。◆編者註33

**編者註32**　勘定科目名にかぎり，「持ち分」とはせず，「少数株主持分」，「持分法による投資損益」などと表記する。

**編者註33**　会計には「実質優先思考（サブスタンス・オウヴァー・フォーム）」と呼ばれる考え方がある。簡単にいってしまえば，会計においては形式（フォーム）よりも実質（サブスタンス）を優先（重視）しよう，ということであるが，連結財務諸表はまさにこの考え方にもとづくものといえよう。企業集団を構成する各企業は（法的）形式上はそれぞれ独立の存在ではあるが，（経済的）実質上はひとつになって活動している，それゆえ，企業集団の財務諸表を，ということであるからである。

　そうしたなか，ここに述べられた，連結の範囲の決定基準，の問題はこれも如上の，形式 vs. 実質，の問題としてとらえることもできよう。株主総会における議決権の過半数を所有しているかどうか（持ち分基準）は形式，意思決定機関を実質的に支配しているかどうか（支配力基準）は（無

## ●連結決算日

　年次連結財務諸表の作成においては1年（中間連結財務諸表のばあいは6か月）を会計期間とし，親会社の会計期間にもとづき，年1回，一定の日を連結決算日とする。

　このさい，子会社の決算日と親会社の決算日，すなわち連結決算日とが同一であれば問題はないが，同一ではないばあい，子会社は連結決算日において正規の決算に準ずる合理的な手続きをもって決算をおこなう必要がある。貸借対照表は一定期日の財政状態を明らかにし，損益計算書は一定期間の経営成績を明らかにするものであることから，連結貸借対照表や連結損益計算書は同一日の個別貸借対照表や同一期間の個別損益計算書をもとに作成されたものでなければ，連結会社全体の財政状態や経営成績を正しく表示することができないためである。

　ただし，決算日の差異が3か月を超えないばあいは子会社の正規の決算を基礎として連結決算をおこなうことが認められる。しかし，このばあいでも，決算日が異なることによって生ずる連結会社間の取引にかかわる会計記録の重要な不一致については整理する必要がある。たとえば親会社の決算日後に子会社が決算日をむかえ，かつ，親会社の決算日と子会社の決算日とのあいだに親会社が子会社に商品を販売したばあい，親会社側ではこの販売にかかわる取引は財務諸表に反映されていないが，子会社側では反映されているという情況が生ずる。このようなばあいは子会社側のこの取引の記録を消去する処理が必要となる。

　　論）実質，ということである。

　　　ちなみに，まったくの余談ながら，編者は，実質（中身）よりも形式（外見）のほうが重要，とかんがえる。このことについては以下をみよ。
　　　友岡賛『会計の時代だ——会計と会計士との歴史——』筑摩書房（ちくま新書），第1章。

## 🔴 親会社及び子会社の会計処理の原則及び手続

　各連結会社はそれぞれ固有の環境下において経営活動をおこなっているため，会計処理および手続きにかんしては各社がその環境に合致した方法を選択することが合理的である。しかし，連結財務諸表は親会社と子会社とをひとつの組織体とみなし，その全体的な財政状態および経営成績を把握するために作成されるものであって，このような観点からは同一の環境下でおこなわれた同一の性質の取引などについて異なる会計処理方法が選択されることはむしろ合理的ではない。このような考え方にもとづき，同一の環境下でおこなわれた同一の性質の取引などに適用する会計処理の原則および手続きは，原則として，連結会社において統一するものとされる。◆編者註34

> **編者註34**　「第4章」に述べられたように，財務諸表の作成にさいしては，たとえば減価償却において定額法，定率法などが認められているなど，同様の取引について複数の処理方法が認められているばあいがあるが，これはむろん，各企業の固有の環境においてもっとも適切な処理方法，すなわち，その企業の情況をもっとも適切にしめす数値をもたらす処理方法，がもちいられるべき，という考え方にもとづいている。
>
> 　そうしたなか，しかし，連結会社の会計処理については，たとえば親会社においては定額法がもちいられ，子会社においては定率法がもちいられているばあい，定額法によって算定された親会社の減価償却費額と定率法によって算定された子会社の減価償却費額とは性格を異にする数値であって，これらを合算することには問題あり，別言すれば，そうして得られた連結会社の減価償却費の総額はいわば種姓を異にする数値の合計であることから，無意味な数値，とする向きがある。
>
> 　しかしながら，叙上のように，複数の処理方法が認められている事訳は，その企業の情況をもっとも適切にしめす数値をもたらす処理方法がもちいられるべき，ということであって，したがって，たとえば親会社の情況をもっとも適切にしめす数値をもたらす処理方法は定額法のみであって，また，子会社の情況をもっとも適切にしめす数値をもたらす処理方法は定率法のみであるばあい，たとえば定額法に統一すべきかどうか，の問題はこれすなわち，①親会社の情況をもっとも適切にしめす定額法による数値，と，子会社の情況をもっとも適切にはしめさない定額法による数値，とを

## 第3節　連結財務諸表の作成

### 第1項　親会社説と経済的単一体説と

「第2章」に述べられたように，会計はどのような（だれの）観点からおこなわれるのか，については諸説があって，これについて云々することを「会計主体論」という。これと同様，連結財務諸表の作成はどのような（だれの）観点からおこなわれるのか，ということについて云々することを「**連結主体論**」といい，これにおいては，親会社説，と，経済的単一体説，とがある。

**親会社説**とは，連結財務諸表の作成は支配株主たる親会社の観点からおこなわれる，とする見解，である。この親会社説は親会社のみが子会社の株主であるとかんがえ，子会社の純資産のうち，親会社の出資に対応する持ち分のみを連結財務諸表において連結すべき資本とし，少数株主持分は他人からの資金調達とみなし，負債と同様に位置づける。もっとも少数株主持分には将来の返済義務は存在せず，この点において負債とは異なる。

**経済的単一体説**とは，連結財務諸表の作成は，親会社のみならず，少数株主をもふくめた全株主の観点からおこなわれる，とする見解，である。この経済的単一体説は企業集団全体を単一の経済実体としてとらえ，それゆえ，少数株主も親会社と同様に子会社の出資者とみなし，親会社の持ち分と少数株主の持ち分とを連結すべき資本とかんがえる。

> 合算すること，②親会社の情況をもっとも適切にしめす定額法による数値，と，子会社の情況をもっとも適切にしめす定率法による数値，とを合算すること，のいずれがよいか，の問題，ということとなる。
> 　ただしまた，たとえば親会社の情況をもっとも適切にしめす数値をもたらす処理方法は定額法のみであるが，子会社においては，定額法と定率法とがいわば同程度，もっとも適切，といったばあいには定額法に統一すべきこととなる。

親会社説と経済的単一体説とのいずれの見解によるかによって適用すべき会計処理方法が異なることになるが，現行の連結財務諸表の作成は，おもな情報利用者は親会社への投資者であること，や，親会社説による会計処理方法のほうが企業集団経営の実際的な感覚を適切に反映すること，を考慮し，原則として，親会社説に立脚しておこなわれている。

### 第2項　連結財務諸表作成の基本的な手続き

連結財務諸表の作成は大まかにいって以下の要領にておこなわれる。

🔴 **個別財務諸表の合算**

連結財務諸表を作成するにあたっては，個別財務諸表基準性の原則，に遵って，まずは連結の範囲にふくまれる各社の個別財務諸表を基礎として各勘定科目を合計する。このさい，各勘定科目の合計や（下記の）修正処理をおこなうために連結精算表が利用される。

🔴 **連結にあたっての修正処理**

各勘定科目の合算にあたっては，単純な合計のみではなく，修正が必要となるばあいがある。おもな修正事項には，子会社の資産および負債の評価，連結会社間の投資と資本との相殺消去，取引高および債権債務の相殺消去，未実現損益の消去，などがある（これらの処理については後述される）。

### 第3項　連結精算表

**連結精算表**は，各連結会社の作成した個別財務諸表の各勘定科目の合算および修正処理をおこなうさいに利用される精算表，である。

次頁の連結精算表では各勘定科目が合計欄で合計され，資産および負債の評価や投資と資本との相殺消去などによる修正仕訳が修正記入欄に記入され，合計欄の額に修正記入欄の額が加減され，連結財務諸表に記載される各勘定科目の額が導かれる。

## 連結精算表の一例

| 勘定科目 | | 親会社の個別財務諸表 | | 子会社の個別財務諸表 | | 合計 | | 修正記入 | | 連結財務諸表 | |
|---|---|---|---|---|---|---|---|---|---|---|---|
| | | 借方 | 貸方 | 借方 | 貸方 | 借方 | 貸方 | 借方 | 貸方 | 借方 | 貸方 |
| 貸借対照表 | 資産 | ×× | | ×× | | ×× | | ×× | ×× | ×× | |
| | | ×× | | ×× | | ×× | | | | ×× | |
| | 負債 | | ×× | | ×× | | ×× | ×× | | | ×× |
| | | | ×× | | ×× | | ×× | | | | ×× |
| | 純資産 | | ×× | | ×× | | ×× | | ×× | | ×× |
| | | | ×× | | ×× | | ×× | ×× | | | ×× |
| | 合計 | ×× | ×× | ×× | ×× | ×× | ×× | ×× | ×× | ×× | ×× |
| 損益計算書 | 収益 | | ×× | | ×× | | ×× | ×× | ×× | | ×× |
| | | | ×× | | ×× | | ×× | | | | ×× |
| | 費用 | ×× | | ×× | | ×× | | ×× | ×× | ×× | |
| | | ×× | | ×× | | ×× | | | | ×× | |
| | 当期純利益 | ×× | | ×× | | ×× | | | ×× | ×× | |
| | 合計 | ×× | ×× | ×× | ×× | ×× | ×× | ×× | ×× | ×× | ×× |
| 株主資本等変動計算書 | 前期末残高 | | ×× | | ×× | | ×× | | | | ×× |
| | | | ×× | | ×× | | ×× | | | | ×× |
| | 当期変動額 | ×× | | ×× | | ×× | | ×× | ×× | ×× | |
| | | | ×× | | ×× | | ×× | ×× | | | ×× |
| | 当期末残高 | ×× | | ×× | | ×× | | | ×× | ×× | |
| | 合計 | ×× | ×× | ×× | ×× | ×× | ×× | ×× | ×× | ×× | ×× |

# 第4節 連結貸借対照表の作成

## 第1項 連結貸借対照表の作成

　連結貸借対照表は連結会社の個別貸借対照表における額を基礎とし，子会社の資産および負債の評価，連結会社相互間の投資と資本との相殺消去および債権と債務との相殺消去などの修正処理をおこなって作成される。

## 第2項　子会社の資産および負債の評価

連結貸借対照表の作成にあたっては，子会社の支配獲得日において，子会社の資産および負債を時価によって評価する。このさいの時価評価方法には，部分時価評価法，と，全面時価評価法，とがある。

**部分時価評価法**とは，子会社の資産および負債のうち，親会社の持ち分に相当する部分を株式の取得日ごとに当該日の公正な評価額（時価）で評価し，少数株主の持ち分に相当する部分は子会社の個別貸借対照表上の額で評価する方法，である。この方法は，親会社の持ち分に相当する部分のみを時価で評価するため，親会社説と整合的な方法といえる。なお，計算の結果がいちじるしく相違しないばあいには，簡便法として，支配獲得日の時価を基準として，親会社の持ち分に相当する部分を一括して評価する方法を適用することもできる。

**全面時価評価法**とは，子会社の資産および負債のすべてを支配獲得日の時価で評価する方法，である。この方法は，少数株主の持ち分もふくめて時価で評価する方法のため，経済的単一体説と整合的な方法といえる。

いずれの方法を選択したにしても，資産および負債を時価評価したさいの時価と取得原価との差額は下記の仕訳例のように**評価差額**とされ，子会社の純資産の部に計上される。

　　　　（借方）諸資産　　×××／（貸方）評価差額　×××

なお，支配獲得，株式取得，売却などの日が子会社の決算日以外であるばあいには当該日の前後のいずれか近い決算日に支配獲得，株式取得，売却などがおこなわれたとみなして処理することが認められ，このばあいの支配獲得日を「みなし支配獲得日」という。

### 第3項　投資と資本との相殺消去

連結決算では連結会社全体をひとつの会計単位とみなして財務諸表を作成する。そのばあい，親会社から子会社への投資は会計単位内部での資金移動にすぎないため，連結会社の個別貸借対照表をそのまま合算してしまうと資産および純資産が過大計上されてしまう。そのため，親会社の子会社にたいする投資（子会社株式）とこれに対応する子会社の資本（純資産の部に計上される，新株予約権および少数株主持分以外の諸勘定）とを相殺消去する必要がある。また，子会社相互間の投資とこれに対応する資本とについても，親子会社間におけるばあいと同様の理由から相殺消去する必要がある。

持ち分比率が100％の子会社への投資とその子会社の資本との相殺消去はたとえば下記の仕訳のようになる。

　　　　（借方）資本金　　　×××／（貸方）子会社株式　×××
　　　　　　　　資本剰余金　×××
　　　　　　　　評価差額　　×××
　　　　　　　　利益剰余金　×××

少数株主が存在するばあいには下記の仕訳のように子会社の資本のうち，親会社の投資に相当する部分が持ち分比率におうじて相殺消去され，少数株主に帰属する部分は，少数株主持分，として処理されることになる。

　　　　（借方）資本金　　　×××／（貸方）子会社株式　×××
　　　　　　　　資本剰余金　×××　　　　　少数株主持分　×××
　　　　　　　　評価差額　　×××
　　　　　　　　利益剰余金　×××

投資と資本とを消去するさいに消去差額が借方に生じるばあいにはその差額を，のれん，として下記の仕訳のように計上する。

（借方）資本金　　　　×××／（貸方）子会社株式　×××
　　　　資本剰余金　　×××　　　　少数株主持分　×××
　　　　評価差額　　　×××
　　　　利益剰余金　　×××
　　　　のれん　　　　×××

　**のれん**は，子会社の純資産の公正な評価額以上に対価を支払ったことによって生じた差額，であって，この額は子会社のもつ**超過収益力**をあらわすとかんがえられる。のれんは資産として計上され，計上後20年以内に定額法その他の合理的な方法によって償却されることになる。また，差額が貸方に生じたばあいにはその差額を**負ののれん**として負債の部に計上し，これはのれんと同様の方法によって償却される。ただし，のれん，負ののれんはいずれも金額の重要性が乏しいばあいには当期の損益として処理することもできる。

### 設例 1 － 1
　X1年3月31日にP社はS社株式の80％を1,600で取得し，連結子会社とした。同日，S社の純資産の部には資本金1,000，資本剰余金400，利益剰余金400が計上されていた。また，S社の資産および負債を時価評価したところ，取得原価100の土地の時価が200となっていた。このとき，投資と資本との相殺消去仕訳は以下のようになる。

**部分時価評価法によるばあい**
　① 資産および負債の時価評価

　　（借方）土地　　80／（貸方）評価差額　80
　　（評価差額＝（時価－取得原価）×親会社の持ち分比率＝100×80％）

② 投資と資本との相殺消去

(借方) 資本金　　　1,000／（貸方）S社株式　　　1,600
　　　 資本剰余金　　 400　　　　　　 少数株主持分　　360
　　　 評価差額　　　　80
　　　 利益剰余金　　 400
　　　 のれん　　　　　80

（少数株主持分＝（資本金＋資本剰余金＋利益剰余金）×少数株主の持ち分比率＝1,800×20％）

**全面時価評価法によるばあい**

① 資産および負債の時価評価

(借方) 土地　　　100／（貸方）評価差額　　100

（評価差額＝時価－取得原価）

② 投資と資本との相殺消去

(借方) 資本金　　　1,000／（貸方）S社株式　　　1,600
　　　 資本剰余金　　 400　　　　　　 少数株主持分　　380
　　　 評価差額　　　 100
　　　 利益剰余金　　 400
　　　 のれん　　　　　80

（少数株主持分＝（資本金＋資本剰余金＋利益剰余金＋評価差額）×少数株主の持ち分比率＝1,900×20％）

## 設例1－2

X2年3月31日，連結決算にあたり，**設例1－1**で計上されたのれん80を償却期間を20年として償却する。

(借方) のれん償却額　　4／（貸方）のれん　　　　4

### 第4項　子会社株式の追加取得および一部売却
#### ● 株式の段階的取得による支配獲得

　株式を2回以上にわたって段階的に取得することによって子会社の支配を獲得したばあい，投資と資本とを相殺消去する方法として，段階法，と，一括法，とのいずれかが適用される。

　**段階法**とは，株式の取得日ごとに親会社が追加的に取得した株式への投資とそれに対応する子会社の資本とを段階的に相殺消去する処理法，である。一方，**一括法**とは，株式の取得過程とは関係なく，支配獲得日に投資と資本とを一括して相殺消去する処理法，である。いずれの方法を選択しても，相殺消去のさいに追加投資額とそれに対応する持ち分額とのあいだに差額が生じたばあいはその差額をのれん（ないし負ののれん）として処理することになる。

　資産および負債の評価方法として部分時価評価法を適用しているばあいには段階法を，また，全面時価評価法を適用しているばあいには一括法を選択することが合理的とされる。

　既述のように，部分時価評価法は子会社の資産および負債のうち，親会社の持ち分に相当する部分のみを株式取得日ごとに時価によって評価する方法，すなわち親会社による子会社への段階的な投資を反映する方法であって，親会社説と整合的な会計方法であるが，このように子会社の資産および負債を段階的に評価処理するならば，投資と資本とについても株式の取得におうじて段階的に相殺処理することが整合的な処理方法といえる。したがって，部分時価評価法を適用しているばあいには段階法を選択することが首尾一貫した処理となる。

　一方，全面時価評価法は，これも既述のように，子会社の資産および負債における親会社の持ち分と少数株主の持ち分との両方を支配獲得日の時価によって評価する方法であって，経済的単一体説と整合的な方法である。また，一括法は被投資会社が子会社として企業集団にくわわり，経済的単一体が形成されることになった支配獲得日において投資と資本とを相殺消去する方法

である。したがって，全面時価評価法を適用しているばあいには一括法を選択することが首尾一貫した処理となる。

なお，資産および負債の評価においては，計算の結果がいちじるしく相違しないばあいにかぎり，部分時価評価法を適用していても，支配獲得日における時価で親会社の持ち分に相当する部分を一括して評価する，という簡便法を適用することもでき，このばあいには投資と資本との相殺消去についても一括法を適用することになる。

### 設例2－1

連結決算日のX1年3月31日にP社はS社株式の10％を190で取得した。同日，S社の純資産の部には資本金1,000，資本剰余金400，利益剰余金400が計上されていた（この期の純損益は0であって，利益配当はおこなわれなかった）。また，S社の資産および負債を時価評価したところ，取得原価100の土地の時価が180であった。翌X2年3月31日，P社はS社株式の80％を1,600で追加取得し，子会社とした。同日，S社の純資産の部には資本金1,000，資本剰余金400，利益剰余金400が計上されていた。また，S社の資産および負債を時価評価したところ，取得原価100の土地の時価が200となっていた。このとき，投資と資本との相殺消去仕訳は以下のようになる。

**部分時価評価法と段階法とによるばあい**

① 初回取得時における時価評価（部分時価評価法）

（借方）土地　　　8／（貸方）評価差額　　8
（評価差額＝（時価－取得原価）×親会社の初回取得持ち分比率＝80×10％）

② 初回取得時における投資と資本との相殺消去（段階法）

（借方）資本金　　　　1,000／（貸方）S社株式　　　　190
　　　　資本剰余金　　　400　　　　　少数株主持分　1,620
　　　　評価差額　　　　　8
　　　　利益剰余金　　　400
　　　　のれん　　　　　　2

（少数株主持分＝（資本金＋資本剰余金＋利益剰余金）×少数株主の持ち分比率＝1,800×90％）

③ 追加取得時における時価評価（部分時価評価法）

（借方）土地　　　80／（貸方）評価差額　80
（評価差額＝（時価－取得原価）×親会社の追加取得持ち分比率＝100×80％）

④ 追加取得時における投資と資本との相殺消去（段階法）

（借方）少数株主持分　1,440／（貸方）S社株式　　　1,600
　　　　評価差額　　　　80
　　　　のれん　　　　　80

（少数株主持分＝（資本金＋資本剰余金＋利益剰余金）×少数株主の持ち分比率＝1,800×80％）

## 部分時価評価法（簡便法）と一括法とによるばあい

① 支配獲得日における時価評価（部分時価評価法（簡便法））

（借方）土地　　　90／（貸方）評価差額　90
（評価差額＝（時価－取得原価）×親会社の持ち分比率＝100×90％）

② 支配獲得日における投資と資本との相殺消去（一括法）

（借方）資本金　　　　1,000／（貸方）S社株式　　　1,790
　　　　資本剰余金　　　400　　　　　　少数株主持分　　180
　　　　評価差額　　　　 90
　　　　利益剰余金　　　400
　　　　のれん　　　　　 80

（少数株主持分＝（資本金＋資本剰余金＋利益剰余金）×少数株主の持ち分比率＝1,800×10%）

## 全面時価評価法と一括法とによるばあい

① 支配獲得日における時価評価（全面時価評価法）

（借方）土地　　　100／（貸方）評価差額　　100

（評価差額＝時価－取得原価）

② 支配獲得日における投資と資本との相殺消去（一括法）

（借方）資本金　　　　1,000／（貸方）S社株式　　　1,790
　　　　資本剰余金　　　400　　　　　　少数株主持分　　190
　　　　評価差額　　　　100
　　　　利益剰余金　　　400
　　　　のれん　　　　　 80

（少数株主持分＝（資本金＋資本剰余金＋利益剰余金＋評価差額）×少数株主の持ち分比率＝1,900×10%）

## 🔴 支配獲得後の子会社株式の追加取得

　支配獲得後に子会社の株式を追加取得したばあいの処理は，株式の段階的取得による支配獲得のばあいの処理と同様，部分時価評価法と全面時価評価法とのいずれを適用しているかによって異なる。

　部分時価評価法を適用しているときに支配獲得後，子会社の株式を追加取

得したばあいには追加取得した株式に対応する持ち分だけ少数株主持分を相殺消去し，また，子会社の資産および負債の時価評価によって計上された評価差額も相殺消去することになる。

他方，全面時価評価法を適用しているときに支配獲得後，子会社の株式を追加取得したばあいには，支配獲得時に資産および負債の全面的な時価評価と評価差額の相殺消去とがすでにおこなわれているため，評価差額にかかわる仕訳はなされず，追加取得した株式に対応する持ち分だけ少数株主持分を相殺消去することになる。

いずれのばあいも，追加取得した株式に対応する持ち分と追加投資額とのあいだに差額が生じたばあいにはのれん（ないし負ののれん）として処理することになる。

### 設例2－2

設例2－1につづき，X3年3月31日にP社はS社株式の10％を220で取得した。同日，S社の純資産の部には資本金1,000，資本剰余金400，利益剰余金400が計上されていた（前期の純損益は0であって，利益配当はおこなわれなかった）。また，S社の資産および負債を時価評価したところ，取得原価100の土地の時価が300であった。このとき，投資と資本との相殺消去仕訳は以下のようになる。

**部分時価評価法によるばあい**

① 追加取得時の資産および負債の時価評価

（借方）土地　　20／（貸方）評価差額　20
（評価差額＝（時価－取得原価）×親会社の持ち分比率＝200×10％）

② 投資と資本との相殺消去

（借方）少数株主持分　180／（貸方）S社株式　　　220
　　　　評価差額　　　20
　　　　のれん　　　　20

（少数株主持分＝（資本金＋資本剰余金＋利益剰余金）×少数株主の持ち分比率＝1,800×10％）

**全面時価評価法によるばあい**

① 追加取得時の資産および負債の時価評価

仕訳なし

② 投資と資本との相殺消去

（借方）少数株主持分　190／（貸方）S社株式　　　220
　　　　のれん　　　　30

（少数株主持分＝追加取得以前の少数株主持分×（追加取得した持ち分比率÷追加取得以前の少数株主の持ち分比率）＝190×（10％÷10％））

## 🔴 子会社株式の売却

　親会社が子会社の株式を売却すると当該会社にたいする持ち分比率が低下する。これによって両社の支配従属関係が解消され，親子関係になくなったばあい，当該会社は連結の範囲から除外される。一方，売却後も親子関係が継続し，連結子会社となっているばあいには売却によって減少した親会社の持ち分を減額させるとともに少数株主持分を増額させる必要がある。また，売却による親会社の持ち分の減少額と投資の減少額とのあいだに生じた差額は子会社株式の売却損益の修正として処理する。さらにまた，売却にともなうのれん（ないし負ののれん）の償却額についても同様に処理する。なお，子会社株式の売却損益の修正として処理するのれん（ないし負ののれん）の償却額は，のれん（ないし負ののれん）の未償却額のうち，売却した株式に

対応する部分，として計算するものとする。

　子会社株式の売却時の少数株主持分の増加額は部分時価評価法と全面時価評価法とのいずれを適用しているかによって異なる。

　部分時価評価法を適用しているばあいは，少数株主持分は子会社の個別貸借対照表価額（原価）をもとに算定されていることから，少数株主持分の増加額は同様に子会社の個別貸借対照表上の純資産額にもとづいて計算する。また，時価によって評価されている資産および負債は売却によって減少した株式に対応する評価差額の分だけ修正する必要がある。

　他方，全面時価評価法を適用しているばあいは，少数株主持分は子会社の純資産の時価をもとに算定されていることから，売却によって減少した株式に対応する持ち分と同額だけ少数株主持分を増額させる。

　また，子会社の時価発行増資などにともなって親会社の持分比率が低下したばあいにも少数株主持分が増加する。このとき，親会社の払い込み額と親会社の持ち分の増減額とのあいだに差額が生じたばあいは損益として処理する。ただし，利害関係者の判断をいちじるしく謬らせるおそれがあると認められるばあいには連結剰余金に直接に加減することもできる。

**設例 1 − 3**

　**設例 1 − 1** および **設例 1 − 2** につづき，X2年 3 月31日，S 社株式の20％を420で売却した（S 社の純資産の部には資本金1,000，資本剰余金400，利益剰余金400が計上されていた。また，この期の純損益は 0 であって，利益配当はおこなわれなかった）。このときの仕訳は以下のようになる。

**部分時価評価法によるばあい**

　　（借方）　S社株式　　　400／（貸方）　少数株主持分　360
　　　　　　　　　　　　　　　　　　　　土地　　　　　　20
　　　　　　　　　　　　　　　　　　　　のれん　　　　　19
　　　　　　　　　　　　　　　　　　　　株式売却益　　　 1

　（少数株主持分＝（資本金＋資本剰余金＋利益剰余金）×売却株式の持ち分比率＝1,800×20％）

**全面時価評価法によるばあい**

　　（借方）　S社株式　　　400／（貸方）　少数株主持分　380
　　　　　　　　　　　　　　　　　　　　のれん　　　　　19
　　　　　　　　　　　　　　　　　　　　株式売却益　　　 1

　（少数株主持分＝（資本金＋資本剰余金＋利益剰余金＋評価差額）×売却株式の持ち分比率＝1,900×20％）

## 第5項　債権と債務との相殺消去

　連結会社相互間の取引によって生じた売掛金および買掛金，受取手形および支払手形，貸付金および借入金といった債権および債務は，企業集団内における資金の移動にすぎないため，下記の仕訳例のように相殺消去する必要がある。連結会社相互間の取引によって生じた前払費用，未収収益，前受収益，未払費用といった経過勘定項目も同様に相殺消去することになる。また，連結会社が発行した社債を資産として保有しているばあいには発行会社の負債とともに債権と債務との相殺消去の対象とする必要があるが，所有が一時的であるばあいには相殺消去の対象としないことも認められている。

　　（借方）　買掛金　　×××／（貸方）　売掛金　　×××
　　　　　　　前受収益　×××　　　　　　前払費用　×××

連結会社が振り出した手形を他の連結会社が銀行で割り引きに付したばあいは、実質的には銀行にたいして手形借入金が存在するのと同様なため、連結貸借対照表においてはこれを借入金に振り替えるものとする。

　　　（借方）支払手形　　×××／（貸方）手形借入金　　×××

また、引当金のうち、連結会社を対象として設定されたことが明らかなものについては調整が必要となる。たとえば連結会社間で掛け売買があったばあいには売掛金と買掛金とが相殺消去されることになるが、このとき、下記の仕訳例のように相殺消去された売掛金にたいして貸倒引当金が設定されていたばあい、売掛金が消去された分だけ貸倒引当金の額を減ずる必要がある。連結会社間での商品売買にともなって設定された商品保証引当金などについても同様の調整が必要となる。

　　　（借方）買掛金　　　×××／（貸方）売掛金　　　×××
　　　　　　貸倒引当金　　×××　　　　　貸倒引当金繰入　×××

## 第6項　税効果会計

連結財務諸表においても個別財務諸表と同様、税効果会計、が適用される。「第6章」にも述べられたように、**税効果会計**とは、企業会計上の資産ないし負債の額と課税所得計算上の資産ないし負債の額とに相違があるばあいに、法人税その他の利益に関連する額を課税標準とする税金（以下、「法人税等」とする）の額を適切に期間配分することによって、法人税等を控除するまえの当期純利益と法人税等とを合理的に対応させることを目的とする手続き、である。

連結会社の法人税等については、一時差異、にたいして税効果会計を適用し、その額を期間配分する必要がある。ここにいう**一時差異**とは、連結貸借対照表に計上されている資産および負債の額と課税所得の計算の結果、算定された資産および負債の額との差額、のことである。また、将来の課税所得

と相殺可能な繰越欠損金などについても一時差異と同様に取り扱うものとする。連結財務諸表の作成時に一時差異が生ずるばあいとしては，たとえば子会社の資産および負債の時価評価によって評価差額が生じたばあい，連結会社相互間の取引から生ずる未実現損益を消去したばあい，連結会社相互間の債権と債務との相殺消去によって貸倒引当金を減額修正したばあいがある。

　一時差異にかかわる税金の額は，将来の連結会計期間において回収ないし支払いが見込まれない税金の額をのぞき，連結貸借対照表に**繰延税金資産**ないし**繰延税金負債**として計上することになる。なお，繰延税金資産および繰延税金負債の額は回収ないし支払いが見込まれる期の税率にもとづいて計算するものとし，繰延税金資産については将来の回収の見込みについて毎期，見直す必要がある。ただし，重要性の乏しい一時差異については繰延税金資産ないし繰延税金負債を計上しないこともできる。

## 第5節　連結損益計算書の作成

### 第1項　連結損益計算書の作成

　連結損益計算書は親会社および子会社の個別損益計算書における額を基礎とし，連結会社相互間の取引高の相殺消去，未実現損益の消去などの処理をおこなって作成される。

### 第2項　連結会社相互間の取引高の相殺消去

　連結会社相互間の取引によって生じた売上および売上原価，受取手数料および支払手数料，受取利息および支払利息などは，企業集団内においておこなわれる内部取引の結果として生じたものであるため，下記の仕訳例のように相殺消去しなければならない。なお，連結会社相互間の取引が連結会社以外の会社をつうじておこなわれているばあいであっても，その取引が実質的に連結会社間の取引であることが明確であるときは相殺消去する。

(借方) 売上　　　×××／(貸方) 売上原価　×××
　　　　受取利息　×××　　　　　　支払利息　×××

### 第3項　未実現損益の消去

　連結会社相互間で棚卸資産や固定資産などの資産を取得原価に利益を加算して売買することがある。このような取引は企業集団内における資産の移動にすぎず，連結決算時に外部への販売が完了していないばあいなど，当該資産が期末に残存しているばあいには当該資産にふくまれる未実現損益を消去しなければならない。ただし，未実現損失については，売り手側の帳簿価額のうち，回収不能と認められる部分は消去しない。なお，未実現損益の額に重要性が乏しいばあいにはこれを消去しないこともできる。

　未実現損益の消去が必要なケースを取引形体によって分けると，親会社が子会社に販売したばあい（「ダウン・ストリーム」と呼ばれるケース），子会社が親会社に販売したばあい（「アップ・ストリーム」と呼ばれるケース），子会社間で売買されたばあい，がある。

#### 🔴 親会社が子会社に販売したばあい

　この形体では親会社において未実現損益が計上されている。このばあい，子会社が保有する当該資産の額は未実現損益の分だけ過大（ないし過小）に評価され，また，その額だけ売上原価が過小（ないし過大）に計上されている。したがって，未実現損益を消去するために以下のような仕訳をおこなう。

(借方) 売上原価　×××／(貸方) 棚卸資産　×××

　上記の仕訳は未実現利益が計上されているばあいであるが，未実現損失が計上されているばあいは以下のような仕訳をおこなう。

(借方) 棚卸資産　×××／(貸方) 売上原価　×××

## 設例 3

X1年3月31日にP社はS社株式の80％を取得して連結子会社とした。連結決算日のX2年3月31日において，S社が親会社P社から購入した商品3,000のうち，400が在庫として残っている。なお，P社はS社に利益率10％で商品を販売している。このときの仕訳は以下のようになる。

① 取引高の相殺消去

（借方）売上　　　3,000／（貸方）売上原価　3,000

② 未実現損益の相殺消去

（借方）売上原価　40／（貸方）商品　　　40
（未実現損益＝P社から購入した商品の期末残高×利益率＝400×10％）

### 🔴 子会社が親会社に販売したばあい

この形体では子会社において未実現損益が計上されている。このとき，子会社に少数株主が存在しないばあいには，親会社が子会社に販売したばあい，と同様の消去方法をもちいればよいが，少数株主が存在するばあいには複数の消去方法がかんがえられる。

まずは，子会社の未実現損益をすべて消去する方法，と，親会社の持ち分相当額のみを消去する方法（親会社持ち分相当額消去方式），とがかんがえられる。さらに，前者のすべて消去する方法にも，親会社が未実現損益の消去をすべて負担する方法（全額消去，親会社負担方式），と，親会社および子会社のそれぞれの持ち分比率におうじて負担額を按分する方法（全額消去，持ち分按分負担方式），とがある。

親会社持ち分相当額消去方式は未実現損益のうち，親会社の持ち分相当額のみを消去し，少数株主に帰属する部分は実現しているものとみなして消去しない。したがって，この方式は少数株主を企業集団の外部者としてとらえた方式であって，親会社説と整合する消去方式である。ただし，取引高の消去処理において売上がすべて消去されているにもかかわらず，この方式によ

るばあい，未実現損益の消去は部分的になるという問題点がある。

　全額消去，親会社負担方式は未実現損益をすべて消去し，親会社が消去額をすべて負担する。この方式によるばあい，子会社の少数株主が存在するにもかかわらず，親会社が未実現損益の消去をすべて負担するという問題点がある。

　**全額消去，持ち分按分負担方式**は未実現損益をすべて消去し，消去の負担額を親会社と少数株主との持ち分比率におうじて按分する。この方式は親会社と少数株主とを経済的に単一のものとみなして処理をおこなうものであって，経済的単一体説と整合する消去方式である。連結財務諸表原則は「売手側の子会社に少数株主が存在する場合には，未実現損益は，親会社と少数株主の持分比率に応じて，親会社の持分と少数株主持分に配分するものとする」としてこの方式を採用している。

### 設例4

　X1年3月31日，PはS社株式の80％を取得して連結子会社とした。連結決算日のX2年3月31日において，親会社P社がS社から購入した商品3,000のうち，400が在庫として残っている。なお，S社はP社に利益率10％で商品を販売している。このときの仕訳は以下のようになる。

　①　取引高の相殺消去

　　（借方）売上　　　3,000／（貸方）売上原価　3,000

　②　未実現損益の相殺消去

　　（借方）売上原価　　40／（貸方）商品　　　　40
　　　　　　少数株主持分　8　　　　少数株主損益　8

　　（未実現損益＝S社から購入した商品の期末残高×利益率＝400×10％）
　　（子会社負担分の未実現損益＝未実現損益×少数株主の持ち分比率＝40×20％）

### ● 子会社間で売買されたばあい

　この形体では資産を売却した子会社に未実現損益が計上されることになるため，子会社が親会社に販売したばあい，に準じた方法がもちいられる。

　なお，連結会社相互間で固定資産が売買されたばあいも，叙上のような未実現損益の消去処理が必要となる。また，当該固定資産が建物や機械装置といった減価償却がおこなわれる資産であるばあいには減価償却費の修正も必要となる。減価償却の基礎となる取得原価が未実現損益の分だけ過大（ないし過小）評価されることによって減価償却費も過大（ないし過小）計上されているため，修正しなくてはならない，ということである。

## 第6節　持ち分法

### 第1項　持ち分法

　連結財務諸表は支配従属関係にあるふたつ以上の会社や事業体からなる企業集団を単一の組織体とみなし，親会社が当該企業集団の財政状態および経営成績を綜合的に報告するために作成される。前節までは連結の範囲にふくまれた親会社や子会社を対象とする連結財務諸表の作成方法を説明してきた。しかし，連結の範囲にはふくまれなかったにもかかわらず，親会社の強い影響下にあって，連結会社と較べても遜色なく企業集団において重要な役割を果たす会社が存在するばあいがある。そのようなばあいには，企業集団全体としての財政状態や経営成績を報告するためにも，そうした会社の存在が連結財務諸表に適切に反映されるような処理をおこなう必要がある。この処理の方法が，持ち分法，である。

### 第2項　持ち分法の適用対象

　持ち分法の適用対象となるのは，関連会社，および，子会社であってもなんらかの理由によって連結の範囲にふくめられなかった非連結子会社，である。こうした関連会社や非連結子会社に投資しているばあいには，原則とし

て，持ち分法を適用しなければならず，適用対象となる会社は「持ち分法適用会社」と呼ばれる。ただし，持ち分法を適用しても連結財務諸表に重要な影響をおよぼさないなど，重要性の乏しいものについては持ち分法を適用しないこともできる。

　なお，ここにいう**関連会社**とは，親会社および子会社が出資，人事，資金，技術，取引などの関係をつうじて子会社以外の他の会社の財務および営業の方針決定にたいして重要な影響をあたえることができるばあいの，他の会社，のことであって，具体的には以下の①，②のようなばあいがある。

① 子会社以外の他の会社の議決権の20％以上を実質的に所有しているばあい（20％以上の所有が一時的であると認められるばあいをのぞく）。

② 他の会社にたいする議決権の所有割合が20％未満であっても，一定の議決権を有しており，かつ，契約があるなど，当該会社の財務および営業の方針決定にたいして重要な影響をあたえることができる一定の事実が認められるばあい。

　関連会社に該当するかどうかは，①のように客観的な持ち分比率によるだけではなくして，②のように実質的な影響力の有無も考慮に入れて決定される。このような決定基準を「影響力基準」という。この影響力基準を満たしているばあいは，財務および営業の方針決定に重要な影響をあたえることができないことが明らかにしめされないかぎり，関連会社とみなされる。ただし，関連会社や非連結子会社の株式の売却などによって当該会社が持ち分法適用会社に該当しなくなったばあいには持ち分法の適用対象からはずれ，残存する当該会社の株式は個別貸借対照表上の帳簿価額をもって評価されることになる。なお，更正会社，整理会社，破綻会社などであって，かつ，当該会社の財務および営業の方針決定にたいして重要な影響をあたえることができないばあいは関連会社には該当しない。

### 第3項　持ち分法の適用

　**持ち分法**とは，投資会社（連結会社）が，被投資会社（持ち分法適用会社）の純資産および損益のうちの投資会社に帰属する部分の変動におうじて，その投資の額（被投資会社株式の連結貸借対照表価額）を連結決算日ごとに修正する処理方法，である。持ち分法の適用にさいして投資会社は被投資会社の直近の財務諸表を使用するが，投資会社と被投資会社との決算日に差異があり，その差異の期間内に重要な取引ないし事象が発生しているときには必要な修正ないし註記をおこなうものとされる。また，原則として連結子会社のばあいと同様，被投資会社の財務諸表について資産および負債の評価，税効果会計の適用などといった処理をおこなうが，重要性の乏しいものについては処理を省略することができる。

　持ち分法は，原則として，以下の要領にておこなわれる。

① 　投資会社の投資日の投資とこれに対応する被投資会社の資本とのあいだに投資差額があるばあい，当該差額を投資にふくめ，のれん（ないし負ののれん）と同様に処理する。

② 　投資会社は投資日以降における被投資会社の損益のうち，投資会社の持ち分ないし負担に見合う額を持ち分比率にもとづき算定し，投資の額を増減し，当該増減額を**持分法による投資損益**◆編者註35として当期純利益の計算にふくめる。たとえば被投資会社において利益が計上されたばあい，投資にかかわる仕訳は以下のようになる。

　　　（借方）関連会社株式　×××／（貸方）持分法による投資損益　×××

　なお，①の処理によって生じた投資差額の償却額は持分法による投資損益にふくめる。投資差額が借方に生じているばあいには以下のような仕訳をおこなう。

---

**編者註35**　編者註32をみよ。

(借方) 持分法による投資損益 ×××／(貸方) 関連会社株式 ×××

③ 連結会社と持ち分法適用会社とのあいだの取引によって未実現損益が計上されているばあいには未実現損益を消去するための修正をおこなう。
④ 被投資会社から配当金を受け取ったばあいには，その額だけ被投資会社の資本が減少するため，当該配当金に相当する額を投資の額から減ずる。

連結会社に適用される連結の手続きと持ち分法とは，連結財務諸表における連結対象科目が前者のばあいは全科目，後者のばあいは損益に占める持ち分額のみという違いはあるが，当期純損益および純資産の額にあたえる影響には違いがない。通常の連結手続きは，連結会社の財務諸表を勘定科目ごとに合算することによって企業集団全体の財務諸表を作成するため，「完全連結」といわれ，他方，持ち分法による処理は，被投資会社の純資産および損益にたいする投資会社の持ち分相当額を，原則として，貸借対照表上は被投資会社株式の修正として，損益計算書上は持分法による投資損益として連結財務諸表に反映させることから，「1行連結（ワン-ライン）」といわれる。

## 設例 5

P社はX1年3月31日にA社の株式の40％を400で取得し，持ち分法適用会社とした。以下の資料をもとに連結決算日のX2年3月31日の仕訳をおこなう。

① A社が当期純利益200を計上した。

(借方) A社株式　80／(貸方) 持分法による投資損益　80

(当期純利益×持ち分比率＝200×40％)

② A社株式の取得時における同社の諸資産および諸負債の時価評価額はそれぞれ2,000および1,100であった。投資差額を償却期間20年間と

して償却する。

(借方) 持分法による投資損益　2 ／ (貸方) A社株式　2

(投資差額＝投資額－時価評価したA社純資産の持ち分額＝400－(2,000－1,100)×40％)

③　A社が親会社P社から購入した商品400が期末に在庫として残っている。なお，P社はA社に利益率10％で商品を販売している。

(借方) 売上　16 ／ (貸方) A社株式　16

(未実現利益＝期末在庫×利益率＝400×10％，消去額＝未実現利益×持ち分比率＝40×40％)

④　P社はA社から配当金20を受け取っている。

(借方) 受取配当金　20 ／ (貸方) A社株式　20

## 第7節　連結株主資本等変動計算書

株主資本等変動計算書については「第5章」が述べたが，連結決算においても，個別株主資本等変動計算書における各項目の期首残高，期中の増減額，期末残高を合算し，**連結株主資本等変動計算書**が作成される。なお，そのさい，連結会社相互間における資本取引や配当などの取引によって生じた変動額は相殺されることになる。

株主資本等変動計算書においては貸借対照表の純資産の部の表示区分にもとづいて各項目が表示されるが，連結株主資本等変動計算書は資本剰余金，利益剰余金，少数株主持分などの表示形式において個別株主資本等変動計算書といささか相違する。また，「第5章」も述べたように，株主資本等変動計算書の様式には純資産の各項目を縦に列記する様式と横に列記する様式と

### 連結株主資本等変動計算書

| | 株主資本 | | | | | 評価,換算差額等 | | | | 新株予約権 | 少数株主持分 | 純資産合計 |
|---|---|---|---|---|---|---|---|---|---|---|---|---|
| | 資本金 | 資本剰余金 | 利益剰余金 | 自己株式 | 株主資本合計 | その他有価証券評価差額金 | 繰延ヘッジ損益 | 土地再評価差額金 | 為替換算調整勘定 | | | |
| 前期末残高 | ×× | ×× | ×× | △×× | ×× | ×× | ×× | ×× | ×× | ×× | ×× | ×× |
| 当期変動額 | | | | | | | | | | | | |
| 　新株の発行 | ×× | | | | ×× | | | | | | | ×× |
| 　剰余金の配当 | | | △×× | | △×× | | | | | | | △×× |
| 　当期純利益 | | | ×× | | ×× | | | | | | | ×× |
| 　××による持ち分変動 | | | | | | | | | | | ×× | ×× |
| 　××にかかわる調整 | | | | | | | | | | | △×× | △×× |
| 　株主資本以外の項目の当期変動額（純額） | | | | | | ×× | ×× | ×× | ×× | ×× | ×× | ×× |
| 当期変動額合計 | ×× | ×× | ×× | ×× | ×× | ×× | ×× | ×× | ×× | ×× | ×× | ×× |
| 当期末残高 | ×× | ×× | ×× | △×× | ×× | ×× | ×× | ×× | ×× | ×× | ×× | ×× |

があるが，一般には横に列記する様式がもちいられる。さらにまた，株主資本の各項目は変動の事由ごとに変動額が表示されるが，株主資本以外の項目については，原則として，純額で表示される。

## 第8節　連結キャッシュ・フロウ計算書

**連結キャッシュ・フロウ計算書**は，企業集団の1会計期間におけるキャッシュ・フロウの情況を報告するために作成されるもの，である。金融商品取引法にもとづいて有価証券報告書の提出が義務づけられている企業は連結貸借対照表，連結損益計算書，および連結株主資本等変動計算書とともに連結キャッシュ・フロウ計算書を作成する必要がある。

連結キャッシュ・フロウ計算書の作成にあたっては，連結会社の個別キャッシュ・フロウ計算書を合算し，そこから連結会社間相互のキャッシュ・フロウにかかわる取引を相殺消去して作成する方法，と，連結貸借対照表，連結損益計算書，および連結株主資本等計算書をもとに作成する方法，

とがある。しかし，キャッシュ・フロウ計算書を作成していない会社もあることから，連結会社すべてのキャッシュ・フロウ計算書を必要とする前者の方法を適用することは実際上，むずかしいため，多くのばあいは後者の方法がもちいられる。

「第8章」に述べられたように，キャッシュ・フロウ計算書の表示方法には，直接法，と，間接法，とがあるが，連結貸借対照表，連結損益計算書，および連結株主資本等計算書をもとに連結キャッシュ・フロウ計算書を作成するばあいにも直接法と間接法とがある。いずれの方法においても，営業活動によるキャッシュ・フロウ，投資活動によるキャッシュ・フロウ，財務活動によるキャッシュ・フロウ，に区分表示されるが，営業活動によるキャッシュ・フロウの表示だけは異なる。

連結キャッシュ・フロウ計算書は，原則として，個別キャッシュ・フロウ計算書と同様の方法によって作成されるが，連結会社相互間のキャッシュ・フロウは相殺消去しなければならないなど，連結決算に特有の種々の手続きがおこなわれることに注意する必要がある。

# 第10章 財務諸表分析

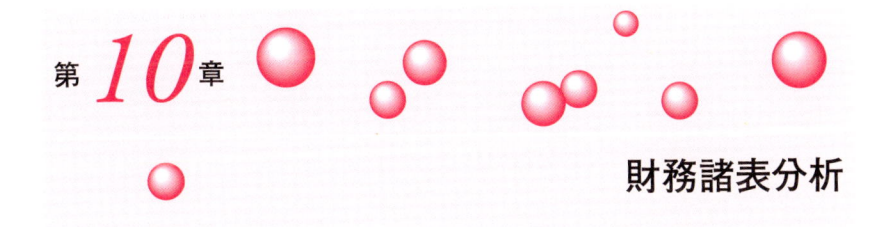

## 第1節 財務諸表分析の基礎

### 第1項 財務諸表分析と経営分析と

　企業はさまざまな主体とかかわりながら経営活動をおこなっている。たとえば企業で働く従業員，企業のトップ・マネジメント，企業にたいして資金を貸し付けている銀行，企業にたいして資金を提供している投資者，企業が立地している地域の住民，企業に部品を供給している取引先等の主体である。これらの主体がもっている関心のひとつに，みずからがかかわっている企業の情況はどうなっているのか，ということがある。こうした関心において必要になるのが企業が公開している財務諸表をもとにした財務諸表分析や経営分析である。財務諸表分析や経営分析をおこなうさいには財務諸表にかかわる正確な理解が重要である。財務諸表は，ある一定期間における企業の経営努力を数値によって表現した企業情報の宝庫，であるからである。会社法や金融商品取引法にもとづく財務諸表は，基本的には，企業の株式，債券を売買しようとする投資者や企業に融資をおこなう債権者が活用することを前提にしている。つまり，企業の外部者にたいして正確な企業情報を数値の形に要約して表現したものが財務諸表なのである。
　しかしながら，財務諸表上の数値をそのまま眺めるだけでは企業の情況を正確に把握することはできない。財務諸表上の数値から企業の情況を正確に把握するためには財務諸表上の数値を理解しやすい形に変換してみることが必要である。そこでおこなわれるのが財務諸表分析や経営分析である。

### 第2項　財務諸表分析とこれに類似する諸概念と

本章は財務諸表分析を中心に解説するが，そのまえに財務諸表分析とこれに類似する諸概念とについて整理しておこう。

一般に，財務諸表分析，は「経営分析」ないし「財務分析」ともいわれる。ただし，厳密にとらえるならば，財務諸表分析と経営分析との捉え方については若干の注意を要する。

**財務諸表分析**は財務諸表を資料として企業を評価する基本的な方法である。具体的には，収益性，生産性，安全性，成長性等の観点から，貸借対照表，損益計算書，キャッシュ・フロウ計算書等をもちいた諸比率分析によって企業経営の成果を分析，評価するのが財務諸表分析である。

これにたいして，**経営分析**はそのための資料を財務諸表に限定するものではない。すなわち，経済統計，産業統計等の統計的資料を始め，人事や生産，マーケティング，経営戦略といった財務諸表とは直接には関係のない分野の資料をも活用し，多角的に企業を分析，評価するのが経営分析である。また，経営分析においては数量化することがむずかしい要因にかかわるいわゆる定性的な資料を活用して分析をおこなうばあいも多い。したがって，経営分析は，財務諸表を中心にしながらも，さまざまな企業の外的要因や内的要因を勘案して企業評価をおこなう方法であるといえる。

財務諸表分析と経営分析との概念における混同はそれぞれが辿った歴史的背景にみることができる。すなわち，大正末期から昭和初期にかけて，財務諸表分析は財務諸表を活用する外部分析としてアメリカから導入され，他方，これと時期を同じくして，ドイツからは会計上の数値をもちいて経営における能率や適否等を分析する内部分析として，経営比較，が導入され，その後，こうした内部分析としての経営比較は外部分析としての財務諸表分析とともに「経営分析」と総称されるようになった。ただし，ドイツから導入された経営比較のルーツは19世紀末にアメリカの銀行が融資先の信用力を評価するために貸借対照表を分析した，信用分析，であって，これをシュマーレ
◆註編者36
ンバッハがドイツに導入して発展させた，ということは特筆に価する。以上

のことから，財務諸表分析，経営比較，経営分析等の分析手法のルーツはアメリカにあるといえる。

ところで，財務諸表分析および経営分析は，分析主体の目的によって，大きくは，内部分析，と，外部分析，とのふたつに分類することができる。まず，**内部分析**とは，企業のトップ・マネジメント等の企業内部の主体による分析，である。他方，**外部分析**とは，債権者や投資者といった企業外部の主体による分析，である。さらに，外部分析は，信用分析，と，投資分析，とに分類することができる。**信用分析**とは，銀行等の金融機関が貸し出し先の債務弁済能力を評価するためにおこなう分析，である。つまり，信用分析とは，企業にたいして信用を供与する立場にある主体からの分析，である。また，**投資分析**とは，企業に資金を提供する投資者等の主体による分析，であって，証券の投資価値を判断するためにおこなう分析，である。ただし，こうした外部分析をおこなうばあい，企業が開示する財務情報のみしかもちいることができないばあいが多く，充分な情報をもちいることはできないばあいもある。

上記のように，財務諸表を活用した分析にはさまざまな概念や観点があるが，「第2節」以降は便宜上，それらを「財務諸表分析」と総称する。したがって，厳密には「経営分析」とすべきかもしれない事柄についても「財務諸表分析」と表記する。また，本章は，企業の実態を把握しようとするあらゆる主体の立場から，多目的な企業分析の基本的知識を提供しようとしている。

### 第3項　財務諸表をもちいた分析の限界

むろん，財務諸表分析にかぎらず，あらゆるものはそれで万能ということはない。財務諸表をもちいてどのようなことが分析できるかの理解もさることながら，むしろ財務諸表（のみ）をもちいた分析の限界を把握することの

**編者註36**　編者註12（「第3章」）をみよ。

ほうが重要である．本項は，財務諸表分析の具体的な内容を解説するまえに，財務諸表（のみ）をもちいた分析の限界について述べておきたい．

第1に，公開された資料を中心とすることによる限界がある．財務諸表は企業が外部にたいして公開する資料である．経営分析は，財務諸表のみにもとづくわけではないとはいえ，中心にはあくまでも財務諸表がある．根本的な問題として，そもそも公開された資料それ自体が粉飾等によって偽りの資料であるというばあいがある．公開された資料が粉飾されていることを分析者が発見することは非常にむずかしい．また，ディスクロウジャーにたいして積極的な企業もあればそうでない企業もある．当然ながら，企業が公開していない資料をもちいることはできない．

第2に，財務諸表をもちいた分析では貨幣数値に数量化することができない要因の分析が不可能であるということがある．前述のように，経営分析はそのための資料を財務諸表に限定するものではない．すなわち，財務諸表とは直接には関係のない資料を活用したり，数量化することがむずかしい要因にかかわる定性的な資料を活用したりすることによっておこなうのが経営分析である．定性的な資料とは，企業のトップ・マネジメントや従業員の質，企業文化，企業ブランド，研究開発能力といった要因にかかわる資料，である．この種の要因は貨幣数値に数量化することがむずかしく，したがって，財務諸表分析に取り込むことがむずかしい．

第3に，会計処理方法の相違による限界がある．ほかの章にすでに述べられたように，財務諸表の作成にさいしては，ひとつの取引や経済的事実にたいして複数の会計処理方法が認められているばあいがある．たとえば減価償却方法には定額法および定率法などが認められている．また，企業が会計処理方法を変更するばあいもある．会計処理方法が変更されたばあいには同一企業の時系列的な分析も困難になる．財務諸表をもちいた分析にはこうした会計処理方法の相違を調整することの困難さがある．

第4に，過去の資料による分析の限界がある．財務諸表はこれが過去の経営活動の成果をしめすものである以上，財務諸表の資料のみをもって将来を

語ることはむずかしい。企業を取り巻く環境の変化が連続的に推移する情況であれば，過去の資料にもとづく分析もそれなりに有効性をもちうるであろうが，今日の企業を取り巻く環境の特性はドラスティックかつダイナミックに変化するという点にある。したがって，過去の資料をもって将来を語ることはむずかしい。

## 第2節　収益性分析

### 第1項　収益性への関心

　一般に，企業の主要目的は利益の最大化にある，といわれる。この意味において，企業には調達した資本を巧く活用し，最大限の利益を得る必要がある。企業のトップ・マネジメントや従業員のみならず，株主や投資者の関心はまさにこの点，すなわち収益性にある。しかしながら，収益性に大きな関心をよせる主体は企業のトップ・マネジメントや従業員，株主や投資者だけではない。たとえば銀行等の債権者も企業の収益性に大きな関心をよせている。それは資金を貸し付けている企業の収益性が低くなると，元本の返済が滞ったり，利息の支払いを受けることができなくなったりするリスクが高まるからである。本節はこうした点を対象とする収益性分析について解説する。

### 第2項　収益性分析の基本としての資本利益率

　**収益性分析**とは，企業の収益性を評価するために財務諸表をもちいておこなう分析，である。収益性分析においては，企業のさまざまな資本や資産がどれだけ効率的にもちいられているか，が問題になる。こうした収益性分析のもっとも基本的な指標に資本利益率がある。資本利益率は収益性の綜合的な指標である，ともいわれるが，それは，資本利益率の計算式を活用することによって，さまざまな収益性分析の指標がもたらされるからである。その第1歩として，資本利益率を分解することによって，売上高利益率と資本回転率との関連性を理解することが大切である。資本利益率を売上高利益率

◆編者註37

と資本回転率とに分解することによって資本利益率の良否の理由を把握することができるため，より有意義な分析をおこなうことができる。この考え方の起源は1890年に刊行されたマーシャル（Marshall）（イギリスの経済学者）の著書『経済学原理』にもとめられるが，この考え方を実際の部門管理に適用したのがデュポン（アメリカの化学メイカー）であった。以後，資本利益率を分解してそれぞれの要素を細分化した比率分析の体系図は「デュポン・チャート」の名をもって知られている。

以下においては，収益性分析の基本としての資本利益率の概念を確認し，売上高利益率と資本回転率とについて解説する。

$$資本利益率 = \frac{利益}{資本} \times 100 （\%）$$

$$資本利益率 = \underbrace{\frac{利益}{売上高}}_{売上高利益率} \times \underbrace{\frac{売上高}{資本}}_{資本回転率}$$

---

**編者註37** 「売上高」という表記について。

「売上高」の「高」はむろん，額，を意味し，「売上高」は，売上額，を意味する。したがって，表記の統一ということからすれば，その他の項目についても，たとえば「利益額」とし，また，「売上高利益額率」などとするか，さもなくば，売上についても「売上」とし，「売上利益率」などとすべきであろう。

しかしながら，どういうわけか，財務諸表分析においては，売上，については「売上高」とし，他方，「利益額」，「資本額」，「資産額」などとはしないことが習わしとなっている。

編者としてはいささか不本意ながら，テキストとしての本書の性格等を考慮のうえ，習わしどおりとすることとした。

**資本利益率**とは，投下資本にたいしてどれだけの利益が獲得されたのかの割合，をしめす指標である。つまり，資本利益率は資本の利用効率であって，資本を分母，利益を分子とすることによって計算される。ただし，この計算式によって資本利益率を導き出すばあい，資本および利益の概念を理解することが肝要である。以下，このふたつの概念について整理しておきたい。

　資本の概念としては，一般に「総資本」，「経営資本」，「自己資本」が挙げられる。**総資本**とは，企業経営に投入されるすべての資本，であって，つまり，貸借対照表上の資産の合計ないし負債と資本との合計を意味する。**経営資本**とは，総資本から実際の経営活動に貢献していない遊休資産，他企業等に貸与している資産，関係会社等への投資，建設仮勘定等を控除したもの，である。**自己資本**とは，総資本から他人資本をのぞいたもの，であって，いわば株主の持ち分に相当する株主資本を意味する。

　他方，利益の概念としては，一般に「売上総利益」，「営業利益」，「経常利益」，「当期純利益」が挙げられる。**売上総利益**は，売上高から売上原価を差し引いたもの，**営業利益**は，売上総利益から販売部門や管理部門で生じた費用，すなわち販売費および一般管理費を差し引いたもの，**経常利益**は，営業利益に営業外収益を加算し，営業外費用を減算したもの，**当期純利益**は，経常利益に特別利益を加算し，特別損益を減算したもの，である。

　このように，資本概念および利益概念にはさまざまなものがあることから，こうした種々の概念の組み合わせ方によって，資本利益率にもさまざまなものがある。したがって，収益性分析にあたっては，分析の目的と資本概念および利益概念の組み合わせ方との論理性を考慮することが非常に重要である。以下においては，代表的な指標として，総資本経常利益率，総資本利益率，株主資本利益率のみっつを取り上げる。

　**総資本経常利益率**は，企業のいわば実力をあらわす経常利益の総資本にたいする割合，をしめすものであって，収益性分析のもっとも中心的な指標であるといわれている。この指標は利息を支払ったのちの利益をもちいているため，金融機関等が債務弁済能力をみるさいに有用である。また，すでにし

めされたように，資本利益率は売上高利益率と資本回転率とを乗じたものであることから，総資本経常利益率は売上高経常利益率と総資本回転率とに分解することができる。総資本経常利益率によってより詳細な分析をおこなうためには，このふたつのどちらに問題があるのかを見極めることが重要である。

$$総資本経常利益率 = \frac{経常利益}{総資本} \times 100 \, (\%)$$

総資本経常利益率＝売上高経常利益率×総資本回転率

**総資本利益率**は，法人税等を控除したのちの当期純利益と総資本との割合，をしめす指標である。また，総資本と総資産とは，＝，の関係にあることから，総資本利益率は「総資産利益率」とも呼ばれる。この指標は企業全体に投下された資本全体を効率的に活用しているかどうかをしめす指標である。なお，総資本利益率を活用してより詳細な分析をおこなうためには，前出の総資本経常利益率のばあいと同様，売上高利益率と総資本回転率とに分解することがきわめて重要である。

$$総資本利益率 = \frac{当期純利益}{総資本} \times 100 \, (\%)$$

総資本利益率＝売上高利益率×総資本回転率

**株主資本利益率**は株主の立場からとらえたばあいの収益性をあらわし，企業が株主から提供された資金をどれだけ効率的に活用しているか，をしめす指標である。前出の総資本経常利益率が企業に投下されたすべての資本，つまり他人資本と自己資本とを合算した総資本によって計算されるのにたいし，この株主資本利益率は株主資本，すなわち自己資本によって計算される。

$$株主資本利益率 = \frac{当期純利益}{株主資本} \times 100 \ (\%)$$

### 第3項　売上高利益率

　前述のように，総資本利益率は売上高を介在させることによって売上高利益率と総資本回転率とに分解することができるが，売上高利益率は，売上高に占める利益の割合，であって，売上高のうちのどのくらいが利益になっているのか，をしめす指標である。いうまでもなく，この率が高いほど収益性が勝れていることになる。

$$売上高利益率 = \frac{利益}{売上高} \times 100 \ (\%)$$

　前述のように，利益には種々の概念がある。したがって，売上高利益率についても，諸概念を考慮する必要がある。すなわち，売上高利益率には売上高総利益率，売上高営業利益率，売上高経常利益率，売上高当期利益率などがある。

　売上高総利益率は，商業のばあい，商品の販売代金から売上原価を控除した売上総利益を売上高で除した比率，である。つまり，商品に平均してどの程度の利益を附加して販売しているかをしめしている。売上高総利益率は，粗利益率，をしめすものであって，この率は高ければ高いほどよいとされている。ただし，製造業のばあいには売上原価の内容は製造原価であって，これには製造固定費がふくまれている。生産量の変動によって単位あたりの製造固定費の割合は変わってくるため，かならずしも商業のばあいと同様にかんがえることはできない点に留意する必要がある。

$$売上高総利益率 = \frac{売上総利益}{売上高} \times 100 \ (\%)$$

**売上高営業利益率**は，売上高と，売上総利益から販売費および一般管理費を控除した営業利益との比率，であって，企業の営業活動の綜合的な成果をしめす指標である。営業利益は生産や販売といった営業活動によって獲得された利益であって，金融取引等はこれの影響を受けることがなく，この売上高営業利益率によって販売活動や管理活動の効率性を把握することができる。また，売上総利益がいかに大きくとも，多額の販売費や一般管理費を必要とするならば，営業活動は全体的に効率的な情況にあるとはいえないため，この比率は前出の売上高総利益率よりも重要性が高いといえる。

$$売上高営業利益率 = \frac{営業利益}{売上高} \times 100 \ (\%)$$

　**売上高経常利益率**は，売上高と，企業の財務活動から生じた金融収益，金融費用を考慮したのちの経常利益との比率，である。経常利益は営業利益に営業外収益，営業外費用を加減したものであって，その企業の実力を反映したもっとも合理的な利益概念である。たとえば他企業との比較において，売上高営業利益率は同程度であるにもかかわらず，この売上高経常利益率が異なるばあい，財務体質の良否が大きく影響しているということになる。

$$売上高経常利益率 = \frac{経常利益}{売上高} \times 100 \ (\%)$$

　**売上高当期利益率**は，売上高と，企業の最終的な利益たる当期純利益との比率，である。この指標をもちいるさいに留意すべきことは，他企業と比較したばあいにこの比率が同程度であっても，売上高総利益率，売上高営業利益率，売上高経常利益率など，その他の指標も考慮する必要があるということである。売上高と当期純利益とは直接的な因果関係が薄いため，この売上高当期利益率だけでは判断がむずかしいからである。

$$売上高当期利益率 = \frac{当期純利益}{売上高} \times 100 \ (\%)$$

### 第4項　資本回転率

　資本回転率の意味を理解するには，まずはここにいう，回転，ないし，回転率，の意味を理解することが必要であろう。財務諸表分析においていう，回転率，にはふたつの意味がある。ひとつは，資産等がある一定期間に入れ替わった回数，という意味である。この意味における，回転，は一般にいう，回転，と同様の意味であることから容易に理解することができよう。いまひとつは，売上高を投下資本で除した率であって，投下資本の何倍の売上を上げることができたのかという意味である。こうした意味を考慮すると，**資本回転率**は，資本を活用することによって資本の何倍の売上を上げることができたのか，をしめす指標であって，資本の活動性や回収速度をしめす指標であるといえる。当然ながら，この比率が高ければ高いほど，資本の使用効率がよいということになる。この比率が高いということは，売上高を一定と仮定したばあい，少ない資本の使用によって一定の売上高を達成することができるということであって，他方，資本を一定と仮定したばあいには大きな売上高を期待することができるからである。また，資本回転率は資本利益率の構成要素であることから，資本回転率の高低は資本利益率に大きな影響をおよぼすことになる。この意味において，資本回転率によって資本の使用効率をみることは収益性分析においてきわめて重要なプロセスであるといえる。

　一般に企業全体の資本回転率をみるためには総資本回転率がもちいられる。なお，総資本はこれを運用の面においてみれば総資産であることから，総資本回転率は「総資産回転率」とも呼ばれる。この総資本回転率を詳細に分析するためには個別の資産や資本にもとづいてとらえる必要がある。以下においては，総資本のほか，売上債権，棚卸資産，有形固定資産といったものについても回転率を解説する。

**総資本回転率**は，売上高にたいする総資本の割合，つまり，総資本の利用度，をしめす指標である。この比率が低いということは総資本の利用度が低いということを意味しているため，過剰な設備投資や無駄な在庫等が生じている可能性が高い。このようなばあい，資本利益率が低下するだけではなく，資金需要が増加し，すなわち，借入金が増加し，したがって，支払利息が増加する。ただし，製造業等の巨額の設備投資を必要とする業種のばあい，商業等と較べると，総資本回転率は相対的に低くなる傾向がある。製造業のばあい，総資本回転率は1回前後が一般的である。したがって，製造業でありながら，総資本回転率が1回をはるかに上回っているばあいは他企業から購入する部分が多いことが推測できる。また，総資本回転率は前出の売上高利益率とは逆の関係にあることに留意する必要がある。

$$総資本回転率 = \frac{売上高}{総資本} \quad (回)$$

　**売上債権回転率**は，商製品の販売やサーヴィスの提供によって得られた売上債権の回収状況，をしめす指標であって，企業の資金効率，をしめしている。分母の売上債権は売上代金の未収額を意味するが，これには受取手形，売掛金，裏書譲渡手形，割引手形残高等がふくまれる。ただし，売上債権回転率の算出にあたっては，売上債権に割引手形残高をふくめないばあいもあるものの，売上債権に占める割引手形残高の割合が大きいことが多いため，これをふくめるのが一般的である。また，1年間の日数，すなわち365日を売上債権回転率で除すると，売上債権回転期間となる。**売上債権回転期間**は，売上債権をすべて回収するまでに必要とされる平均的な日数，をしめすものである。たとえば売上債権回転期間が長いということは問題のある取引先を抱えていることなどをしめしているため，そうしたばあいには注意を要する。

$$売上債権回転率 = \frac{売上高}{売上債権} \quad (回)$$

**棚卸資産回転率**は，売上高にたいする商品，製品，消耗品等の棚卸資産の割合，をしめす指標である。商業，製造業の別を問わず，棚卸資産が売上債権と同様に重要な資産であることはいうまでもない。この指標をもちいることによって販売政策や在庫政策の良否を判断することができる。つまり，この回転率が低く，在庫が多いということは，過大な在庫や不良在庫を抱えていることによって，資金効率が悪くなっているということである。なお，前出の売上債権回転率と同様，365日をこの回転率で除することによって棚卸資産回転期間を算出することができる。**棚卸資産回転期間**は，棚卸資産のすべてが回収されるまでに必要とされる平均的な日数，をしめすものである。これによって，何か月分の在庫があるのか，が明らかになる。

$$棚卸資産回転率 = \frac{売上高}{棚卸資産} \quad (回)$$

**有形固定資産回転率**は，売上高にたいする有形固定資産の割合，をしめし，有形固定資産の運用効率，をしめしている。この指標をもちいることによって設備の新旧，操業度，稼働率等の設備効率を把握することができる。この指標は製造業のばあいに重要である。製造業においては有形固定資産の重要性が高いからである。この回転率が低いばあい，基本的には合理的な設備投資計画をすすめたり，遊休設備等の有無を検討したりする必要がある。ただし，この回転率の低さは一時的なばあいもある。たとえば新製品の生産設備への資金投下がなされたばあい，一時的にこの回転率が低くなるばあいがあるということである。したがって，短期的にこの回転率が低下したからといって，安易に合理化政策を模索することは適切な対応であるとはいえない。別言すれば，長期的な企業戦略を考慮しながら，この回転率を判断しなければならない。

$$有形固定資産回転率 = \frac{売上高}{有形固定資産} \quad (回)$$

## 第3節　安全性分析

### 第1項　安全性分析の意味

　前節が述べたように，企業の情況を把握するさいには利益（ないし利益率）が重要視される。企業の存続は利益を上げることができるかどうかにかかっているからである。しかしながら，利益に注目することは重要ではあるものの，それだけでは企業の実態を正確にとらえることはできない。よく耳にする言葉に「黒字倒産」というものがある。黒字倒産とは，利益は上がっているものの，支払い能力や資金の余裕がないために経営が成り立たなくなってしまう，ということである。つまり，企業経営を継続するためには利益に注目するだけでは不充分なのである。そうした意味において必要となるのが，安全性分析，である。

　安全性分析は収益性分析とならんで経営分析の中心に位置し，すなわち，収益性分析および安全性分析は経営分析におけるいわば両輪である。**安全性分析**とは，貸借対照表を中心として財務的な面での安全性についておこなう分析，である。換言すれば，安全性分析によって，企業経営を継続するための資金的な側面における余裕度を知ることができる。なお，以下に述べられるように，こうした安全性は短期的な安全性と長期的な安全性とに分けてとらえることができる。

### 第2項　短期的な安全性にかんする分析

　短期的な安全性とは，おおむね1年以内の支払い能力，のことである。この短期的な安全性を分析するための代表的な指標に，流動比率，があるが，この指標は企業の短期的な債務の支払い能力を判断するさいにもちいられる。**流動比率**は，流動資産を流動負債で除したものであって，1年以内に返済すべき債務にたいして，1年以内に現金化可能な資産がどの程度あるのか，をしめす指標である。ここにいう流動資産とは，現金預金，売上債権，棚卸資産等の1年以内に現金化しうる資産，のことである。また，流動負債とは，

仕入債務や短期借入金等の1年以内に返済しなければならない負債，のことである。

　流動比率は高ければ高いほど望ましいが，一般には200％がひとつの目安とされている。ただし，この流動比率は業種によって望ましいレヴェルが違うということに留意する必要がある。また，たとい流動比率が高い情況にあっても，それがかならずしも安全な情況を意味しているとはいえない。たとえば流動資産のかなりの部分が売上債権や在庫によって占められ，販売代金の回収が順調にすすんでいないばあいや在庫が不良在庫化しているばあいには注意を要する。こうしたばあいは，売上債権回転期間や棚卸債権回転期間を考慮しながら，良否を判断することが望ましい。他方，流動比率が低いばあいであっても，たとえば長年的な取引関係にあるメイン・バンクによる充分なバックアップが見込める状態であるならば，すぐには問題にならないばあいもある。

$$流動比率 = \frac{流動資産}{流動負債} \times 100 （\%）$$

　流動比率と同様，企業の短期的な支払い能力がどの程度あるのか，をしめす指標に，当座比率，がある。この**当座比率**は，当座資産を流動負債で除したもの，であって，その特徴は，流動比率をさらに詳細に検討すべく，現金回収可能性の高い当座資産をもちいる，という点にある。当座資産とは，流動資産から棚卸資産を差し引いたもの，であって，現金預金，売上債権，有価証券といった即座に換金可能な資産，のことである。在庫は，実際に販売しうるかどうかが不確実なため，この指標においては除外されている。そうした意味において，当座比率は流動比率に較べてより厳密に短期的な支払い能力を分析することができる。この比率にも流動比率と同様，100％程度が望ましいというひとつの目安がある。

$$当座比率 = \frac{当座資産}{流動負債} \times 100 \ (\%)$$

　短期的な安全性をしめす指標は流動比率や当座比率以外にもある。流動比率および当座比率は貸借対照表をもとにしたストックの観点による指標であるが，他方，利益にかんするフローの観点をもって安全性を分析することもできる。こうしたものの代表に，インタレスト・カヴァリッジ・レイショ (interest coverage ratio)，がある。インタレスト・カヴァリッジ・レイショは，利息支払い能力，をしめす指標であって，支払利息が営業利益と受取利息等との合計額の何倍あるか，をしめすものである。つまり，本業による利益，すなわち営業利益と財務による収益（金融収益）との合計額を支払利息で除したもの，であって，この指標によって，利息を支払うのに充分な利益が生み出されているかどうかを判断することができる。この比率は高ければ高いほどよいが，一般にはおおむね3倍以上が望ましいとされている。

$$インタレスト・カヴァリッジ・レイショ = \frac{営業利益 + 金融収益}{支払利息} \ (倍)$$

### 第3項　長期的な安全性にかんする分析

　短期的な安全性にかんする分析において高評価であったとしても，長期的な安全性が確保されているとはかぎらない。長期的な安全性の指標としては，固定比率，と，固定長期適合率，とがある。
　固定比率は，自己資本でどれだけの固定資産を賄っているか，をあらわし，固定資産投資における調達と運用とのバランス，をしめす指標である。固定資産を自己資本で除したこの比率は100%以下であることが望ましいとされている。固定資産とは，土地，建物，機械設備等の長期にわたって使用され，短期のうちには現金化することができない資産，のことである。こうした固定資産については，返済義務のない自己資本によって取得していることが安

全性の面で重要である。固定資産が長期にわたって使用されるものである以上，その取得は長期にわたって使用しうる資金によるほうが望ましいからである。

　しかしながら，固定資産の全額を自己資本で賄っている企業はきわめて少ないのが現実である。これにはいくつかの理由がある。たとえば，日本企業のばあい，固定資産の取得は株式市場からの資金調達によるよりも，メイン・バンクからの融資によるばあいが伝統的に多かったことが挙げられる。また，巨額の設備投資を必要とする産業のばあい，そもそも固定資産への全投資を自己資本の範囲内で賄うことは至難である。他方，固定比率を低く保つことに固執するあまり，大規模な投資をせずに企業成長のチャンスを逃してしまうばあいもある。どのような情況であれ，実際の企業の情況を考慮すると，固定比率を100％以下に抑えることはむずかしい。こうしたことから，固定比率のみでは実際の企業経営に配慮した安全性の判断はなしえないといえる。

$$固定比率 = \frac{固定資産}{自己資本} \times 100 \ (\%)$$

　如上の固定比率をもちいた分析の限界を補い，より詳細かつ現実的な分析をおこなううえで有用な指標に固定長期適合率がある。**固定長期適合率**は，固定資産が自己資産や固定負債にたいしてどのくらいの割合であるか，をしめす指標である。この固定長期適合率の利用は，固定資産を自己資本で賄うことができないばあいにも，長期借入金や社債など，返済期限が長期にわたるもので賄われているのならば，安全性は確保されている，という認識にもとづいている。すなわち，たとい固定比率が100％を超えていても，固定長期適合率が100％以下であるならば，財務上の安全性は確保されているとかんがえてもよいであろう，ということである。

　他方，固定長期適合率が100％を超えているということは，固定資産が流動負債によって賄われている，ということを意味し，長期にわたって使用す

る固定資産を流動負債によって賄うことによって流動比率が悪化することとなる。これは，固定資産への投資が短期の運転資金に悪影響をおよぼしている，ということであって，健全な状態であるとはいえず，資本構成が危険であることを意味している。

$$固定長期適合率 = \frac{固定資産}{自己資本 + 固定負債} \times 100 （\%）$$

### 第4項　長期的な安全性と資本構成と

　長期的な安全性は資本構成との関係から分析されるばあいもある。これはすなわち，返済が必要な他人資本（負債）と返済が不必要な自己資本との比率をみるということであって，これの代表的な指標としては，自己資本比率，と，負債比率，とがある。

　**自己資本比率**とは，自己資本が総資本にたいしてどれくらいの割合であるのか，をしめす指標である。この指標は企業が調達した資金において株主から調達した資金の占める割合をあらわしていることから，「株主資本比率」とも呼ばれる。自己資本は返済不要な資本であるため，通常，自己資本比率は高ければ高いほどよいとされている。この比率が高いということは，多額の支払利息によって経営が圧迫されることがない，ということであるからである。一般にこの比率は50％以上が望ましいとされている。自己資本比率が低いということは，返済が必要な資金の源，すなわち負債にともなう支払利息の負担が大きいということであるため，安全性が確保されているとはいえないということである。他方，自己資本比率が高いということは，経営に必要な資金の多くを自己資本によっているということであるが，また，たとい必要な資金を自己資本では賄いきれず，融資を受けることとなったとしても，自己資本比率の高さが担保の役割を果たすこともある。すなわち，自己資本比率の高さは対外的な信用力の証になるのである。ただし，設備投資に消極的なために自己資本比率が高いというばあいもあることから，より詳細な分

析も必要であろう．

$$自己資本比率 = \frac{自己資本}{総資本} \times 100 \ (\%)$$

$$= \frac{自己資本}{負債 + 自己資本} \times 100 \ (\%)$$

**負債比率**は，負債が自己資本にたいしてどれくらいの割合であるか，をしめす指標であって，換言すれば，負債が自己資本の何倍あるのか，をしめすものである．また，この比率と前出の自己資本比率とはトレイド−オフの関係にある．一般に負債比率は100％以下が望ましいとされ，すなわち，100％以下であれば安全と理解される．ただし，負債比率はこれが低ければ低いほどよい，とするのは一面的な捉え方にしかすぎない．負債比率が低いということは，自己資本を担保とした効率的な他人資本の活用による積極的な財務戦略をすすめていない，ということでもありうるからである．また，中小企業やヴェンチャー企業によくみられるように，銀行等から融資を受けることができるということは，信用力がある，ということでもある．したがって，負債比率によるだけではかならずしも企業の安全性を正確に把握しうるとはかぎらない点に留意する必要があろう．

$$負債比率 = \frac{負債}{自己資本}$$

$$= \frac{総資本 - 自己資本}{自己資本}$$

$$= \frac{総資本}{自己資本} - 1$$

$$= \frac{1}{自己資本比率} - 1$$

## 第4節　生産性分析

### 第1項　生産性分析の意味

　一般に，利益率が高ければ高いほど，効率的な経営がなされている，と理解されている。しかしながら，利益率を単純にみるだけでは企業経営の本質を見極めることはできない。たとえばいわゆるリストラや賃金カットをおこなえば，利益率を一時的に上げることができるであろうが，これはあくまでもいわば対症療法的なものであって，企業経営にたいする継続的な努力によるものとは異なる。ここで問題になるのは，いかなる生産活動によって利益が上がっているのか，ということである。この点の検討において重要となるのが，生産性分析，である。**生産性分析**とは，事業活動に投入された生産要素がどれだけの生産物をもたらしたのかについての分析，である。つまり，生産性分析によって，生産要素をどれだけ有効にもちいているかを判断することができる。こうした生産性分析においては，次項に述べられる「附加価値」の概念が重要になる。

$$生産性 = \frac{産出}{投入}$$

### 第2項　附加価値の概念および計算方法

　上記のように，生産性は産出を投入で除することによって算定されるが，このさいの産出（分子）として，附加価値，がもちいられる。この**附加価値**は，生産や販売といった経営活動をつうじて，企業が新たに生み出した価値，として定義される。たとえばメイカーであれば，部品供給業者等から購入した価値にそのメイカーが新たにくわえた価値が附加価値である。しかしながら，如上の定義は抽象度が高く，漠としているため，まずは具体的な計算方法をみたほうが理解しやすいであろう。附加価値の計算には，控除法，および，加算法，のふたつの方法がある。

控除法をもちいるばあい，附加価値は，売上高や生産高と，原材料費や外注加工費等の外部から購入した価値との差額，として計算される。この計算方法は附加価値の創出の側面に着目した方法である。ここにおいて原材料費や外注加工費は「前給付費用」と呼ばれ，この前給付費用には光熱費や消耗品費等もふくまれる。なお，減価償却費については前給付費用にふくめるばあいとふくめないばあいとがある。減価償却費をふくめたものは「粗附加価値」と呼ばれ，ふくめないものは「純附加価値」と呼ばれる。

　　控除法による附加価値＝売上高ないし生産高－前給付費用

　他方，加算法は，附加価値の構成要素をあらかじめ決めておき，その合計をもって附加価値をとらえる方法，である。この計算方法は附加価値の分配の側面に着目した方法である。ここにおける構成要素としては利益，人件費，賃借料，支払利息，租税公課等を挙げることができる。減価償却費の取り扱いについては控除法のばあいと同様，ふたつのゆき方がある。

　　加算法による附加価値＝利益＋人件費＋賃借料＋支払利息＋租税公課

　以上のように，附加価値の計算方法にはふたつの方法がある。理論的にはいずれの方法をもちいても同じ結果になるが，実際には細かい計算処理上の問題から異なる結果になることもある。一般には簡便にして理解しやすいことから加算法がもちいられることが多い。なお，控除法であれ加算法であれ，他企業との比較をおこなうばあい，他企業の附加価値の算出は困難であることに留意する必要がある。すなわち，控除法のばあいには前給付費用の特定がむずかしく，また，加算法のばあいには人件費の把握が財務諸表からはむずかしい。

### 第3項　生産性分析の代表的な指標

　生産性分析の代表的な指標としては，労働生産性，および，資本生産性，がある。

**労働生産性**は，従業員ひとりあたりの附加価値，をしめす指標である。前述の加算法において明らかなように，附加価値は主として人件費と利益とからなる。これを従業員数で除して算出されるのが労働生産性である。この労働生産性は，ひとりあたりの売上高，と，附加価値率，とに分解することができる。ひとりあたりの売上高は，売上高を従業員数で除したもの，である。当然ながら，売上高や従業員数の大きさをみるだけでは適切な分析をおこなうことはできない。売上高や従業員数の違う企業を比較分析するためには，ひとりあたりの売上高，のような共通の指標をもちいる必要がある。こうした指標をもちいることによって，規模を異にする企業間の比較が可能になる。また，附加価値率は，売上高に占める附加価値の割合，としてとらえられ，加工度の水準，つまり，内製率の高さをしめす指標である。したがって，外部購入価値の割合が大きい業種のばあいは低く，外部購入度の割合が小さい業種のばあいは高くなるといえる。

$$労働生産性 = \frac{附加価値}{従業員数} \times 100 (\%)$$

$$労働生産性 = ひとりあたりの売上高 \times 附加価値率$$

$$ひとりあたりの売上高 = \frac{売上高}{従業員数}$$

$$附加価値率 = \frac{附加価値}{売上高} \times 100 (\%)$$

　労働生産性とならぶ代表的な指標に資本生産性がある。いうまでもなく，企業の生産活動は従業員の労働と資本とが結びつくことによっておこなわれる。したがって，資本がどれだけの附加価値を生み出したのか，を分析する必要がある。そのための指標，すなわち**資本生産性**は，附加価値を資本で除したもの，であって，この資本生産性が高ければ高いほど，企業の投資効率

はよいとされている。なお，資本には総資本，自己資本，有形固定資産等があるが，総資本をもちいたばあいには，総資本生産性，となる。この総資本生産性は，総資本回転率，と，附加価値率，とに分解することができる。

$$資本生産性 = \frac{附加価値}{資本} \times 100 \ (\%)$$

$$総資本生産性 = \frac{附加価値}{総資本} \times 100 \ (\%)$$

$$= 総資本回転率 \times 付加価値率$$

$$= \frac{売上高}{総資本} \times \frac{附加価値}{売上高} \times 100 \ (\%)$$

### 第4項　労働分配率と資本分配率と

　前述のように，附加価値は企業が新たに生み出した価値である。この附加価値は企業活動においてさまざまな主体がかかわることによって生み出される。ここで問題になるのが，附加価値を生み出すことにかかわった主体にたいする分配である。

　附加価値はさまざまな主体に分配される。たとえば人件費として従業員に分配され，利益として株主に分配され，租税公課として国などに分配される。このうち，附加価値が人件費として従業員にどの程度，分配されているのか，をしめす指標に，労働分配率，がある。**労働分配率**は，附加価値に占める人件費の割合，である。したがって，この率が高ければ高いほど，その企業の従業員の賃金は相対的に高いということになる。ただし，労働にたいする分配が大きいということは人件費が大きいということであって，これは企業の収益性を圧迫する。他方，労働にたいする分配が小さいということは人件費を抑えることができているということではあるものの，これは優秀な人材を集めることができないということにもつながる。こうしたことから，労働分

配率は従業員への賃金支払いや成果配分の一応の目安にはなるものの，この率の適正性を考慮のうえ，経営計画に活かすべきであろう．

$$労働分配率 = \frac{人件費}{附加価値} \times 100 (\%)$$

また，附加価値に占める利益の割合，をしめす指標が，資本分配率，である．一般に，附加価値のうち，人件費として分配される部分を差し引いたもの，を「資本分配」と呼ぶが，**資本分配率**は，資本分配を附加価値で除したもの，である．この資本分配率の計算式からは他の指標，たとえば労働分配率との関係も知ることができる．また，資本分配率に総資本生産性を乗ずると，収益性の指標たる総資本利益率を算出することができる．このように，資本分配率の計算式をもちいることによって，生産性と収益性等の他の指標との関係を把握することが重要である．

$$資本分配率 = \frac{附加価値 - 人件費}{附加価値}$$

$$= 1 - 労働分配率$$

$$総資本利益率 = 資本分配率 \times 総資本生産性$$

$$= \frac{利益}{附加価値} \times \frac{附加価値}{総資本}$$

## 第5節　成長性分析

### 第1項　成長性分析とプロダクト・ライフ・サイクルと

企業は成長や発展なしには存続することができない．継続的な成長や発展がなければ，いずれは収益性も安全性も害なわれてしまうからである．この点において必要となるのが，成長性分析，である．**成長性分析**とは，財務資料の推移から企業の成長性を把握すること，である．ただし，この成長性分

析には売上高，資産，利益，附加価値，生産性，従業員数など，さまざまな観点からの分析がある。こうした諸観点からの分析をおこなうさいに留意すべきことは，プロダクト・ライフ・サイクルの位置を考慮しながら，数値を分析しなければならない，ということである。

### 第2項　プロダクト・ライフ・サイクルの概念

　人間に寿命があるのと同様，企業にも事業や製品にも寿命がある。企業が単一の事業だけによっているばあいには企業の寿命と事業や製品の寿命とが同一になってしまうことから，企業はさまざまな事業や製品に多角化することによって成長を持続させようとする。企業の成長を確実なものとするためには，さまざまなライフ・サイクルの段階にある事業や製品を有することによって，リスクを分散させる必要がある。成長性分析で問題となるのは企業全体の成長性であるが，これを分析するためには個々の事業や製品のライフ・サイクルを把握することが重要である。事業や製品のライフ・サイクルを把握することなしに適切な成長性分析をおこなうことはできない。事業や製品のライフ・サイクルを理解するさいには4段階に分けてとらえることが一般的である。導入期，成長期，成熟期，衰退期，である。

　導入期とは，市場の発達の初期段階，である。製品の生産量が少ないため，コストや価格は高く，認知度もさほどないことから資金流入はほとんどない。他方，製品の認知度を高めるために販売促進活動や生産能力拡大のための設備投資などが必要になるため，資金流出は多くなる。つまり，キャッシュ・フローはマイナスの情況である。

　成長期とは，市場の成長にともなって売上高が伸び，資金流入が増大する段階，である。ただし，市場の成長にともなって他企業との競争も激しくなることから，相応のプロモウション活動，新規設備投資，資金準備等による資金流出もかんがえられる。

　成熟期とは，市場の成長が鈍化し，資金流入も安定化する段階，である。市場の成長が鈍化していることから，もはや追加的な設備投資や資金準備は

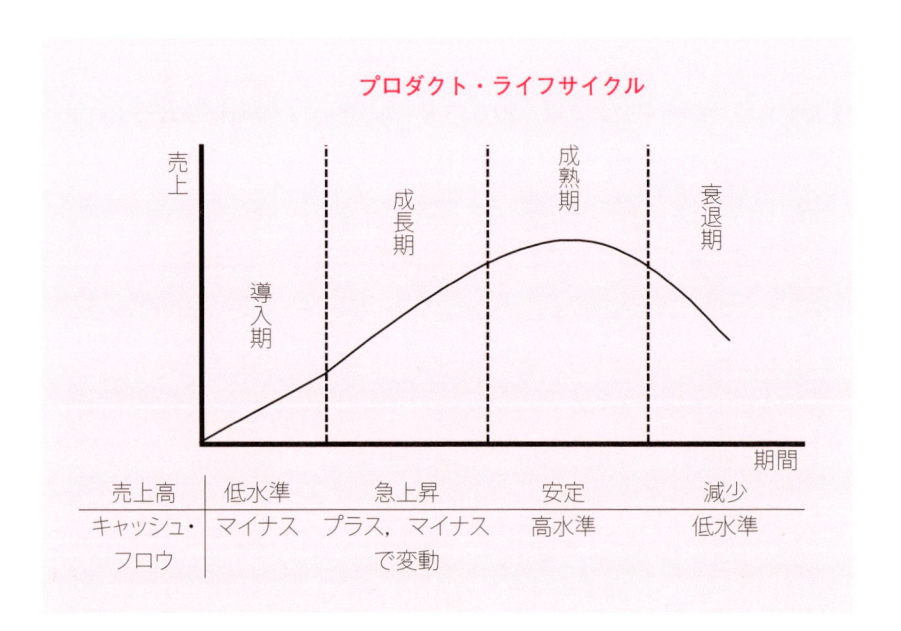

### プロダクト・ライフサイクル

|  | 導入期 | 成長期 | 成熟期 | 衰退期 |
|---|---|---|---|---|
| 売上高 | 低水準 | 急上昇 | 安定 | 減少 |
| キャッシュ・フロウ | マイナス | プラス，マイナスで変動 | 高水準 | 低水準 |

不要となり，資金流出は最少限にとどまる。このため，キャッシュ・フロウは高水準のプラスとなる。

　衰退期とは，売上高は低下傾向になり，市場それ自体が寿命を終える段階，である。新規投資の必要はほとんどないことから，一部の企業はある程度のキャッシュを生み出しつづけることができるが，それ以外の企業は撤退するか，新たなライフ・サイクルを創造すべく，積極的なイノヴェイションに注力するケースが多い。

　こうしたプロダクト・ライフ・サイクルの各段階を認識するためには事業や製品ごとの売上高や利益の成長率を算出すればよい。また，業界平均のプロダクト・ライフ・サイクルと自企業の成長率とを勘案することによって情況に即した経営判断が可能になる。

### 第3項　成長性分析の代表的な指標

　成長性分析には売上高，資産，利益，附加価値，生産性など，さまざまな

ものにかかわるさまざまな指標がある。この成長性分析の基本公式は前年度の数値によるものもあれば，ある基準年度の数値によるものもある。基準年度の数値によるものであれば，ある一定期間についての比較もおこなうことができる。

$$\text{成長性分析の基本公式}\quad \frac{\text{増加額}}{\text{基準年度の額}}$$

以下においては，成長性分析の代表的な指標として挙げられる，売上高成長率，および，利益成長率，について解説する。

## ● 売上高成長率

　企業活動の結果としてまずは具体的にとらえることができるのは売上高である。売上高成長率の算出は成長性分析の基本である。売上高成長率は，基準となる時点からどの程度，売上高が伸びたのか，をあらわす指標である。この成長率は高ければ高いほど望ましい。売上こそが利益の源泉であるからである。ただし，売上高が急激に増加しているばあいには注意を要する。このばあいの売上債権や棚卸資産の増加は資金繰りの悪化を意味するばあいがあるからである。ここで認識すべき重要なことは，売上高成長率の算出は分析の出発点でしかない，ということである。たとえば売上高成長率の推移をグラフ等であらわし，この成長率の増減が数量の増減によるものなのか，単価の上げ下げによるものなのかを検討しなければならないし，また，売上高成長率の増減をもたらした要因を他の指標と併せて入念に分析することが必要である。他の指標を勘案することによって売上高の増減の要因を適切に把握することができるのである。

　ところで，多くの大企業はさまざまな事業や製品に多角化しているため，企業全体の売上高成長率の把握はひとつの目安にはなるものの，それだけでは充分とはいえない。重要なことは，個々の事業や製品ごとに売上高成長率を把握すること，である。たとえば企業全体の売上高成長率の伸びの大半があるひとつの事業や製品によっているばあいは危険である。企業のライ

フ・サイクルとその事業や製品のライフ・サイクルとが同一になってしまう虞があるからである。個々の事業や製品ごとに売上高成長率を算出することによって，成長率を高めている主要な事業や製品がライフ・サイクルの後半期に入るまえに適切な対応をとる，ということができる。理想的な企業経営は，さまざまなライフ・サイクルの段階にある事業や製品による経営，である。すなわち，異なるライフ・サイクルの段階にある事業や製品を組み合わせることによって継続的な企業成長の機会を担保する，ということである。

また，個々の事業や製品ごとに売上高成長率を算出することによって業界平均や他企業との比較をおこなうことができる。ライフ・サイクルの前半期は売上高成長率が急速に伸びるが，ただし，それが業界の平均的な売上高成長率に較べて低いばあいは問題である。このばあい，より詳細な分析にもとづいて早急に対処しなければ，他企業との競争に敗れる虞がある。あるいはまた，その後の売上高成長率が低下をみるのみならず，その他のあらゆる指標の数値も低下することになってしまうばあいもある。

$$売上高成長率 = \frac{売上の増加額}{基準年度の売上高}$$

### ● 利益成長率

企業の主目的が利益の最大化であるとすれば，利益の成長性を把握することこそが重要である。利益成長率は，利益の増加率によって成長性の良否を判断するため，の指標である。既述のように，利益にはさまざまな概念がある。それぞれの利益概念の特徴を考慮しながら，利益成長率を判断しなければならない。利益概念にはさまざまなものがあるものの，それらの概念のうち，通常の状態における企業の期間のもうけ，をしめす，経常利益，をもちいた利益成長率を算出することが多い。

プロダクト・ライフ・サイクルの観点においては，売上は利益の源泉ではあるものの，売上高成長率と利益成長率とは同様に推移するわけではないことが分かる。プロダクト・ライフ・サイクルの各段階においては，他企業や

業界全体の動向を考慮のうえ，設備投資や積極的なマーケティング戦略等にどの程度の費用をかけるべきかを判断しなければならないからである。たとえば導入期においては，製品の認知度が低いため，TVコマーシャルや新聞広告などによる積極的なプロモウション活動に注力しなければならない。この段階ではマーケティング費用も増大するが，マーケティング費用をかけたからといって売上高が伸びるわけではないし，売上高の伸び悩みや過大なマーケティング費用によって利益成長率が低くなるばあいもある。また，プロダクト・ライフ・サイクルの前半期における問題のみならず，後半期の問題にも留意する必要がある。一般にプロダクト・ライフ・サイクルの後半期たる衰退期には多くの企業が業界から撤退する。それが経営戦略の定石であるからである。ただし，撤退することなく業界に残った企業にとってはチャンスとなるばあいもある。つまり，この段階では売上高成長率は低下傾向にあるものの，撤退せずに残った企業にとっては他企業に対抗するために必要な費用がますます不要となるため，利益成長率の点では好転するばあいもある。

$$利益成長率 = \frac{利益の増加額}{基準年度の利益}$$

以上のように，成長性分析においてはプロダクト・ライフ・サイクルと併せて判断しなければならない。とくにプロダクト・ライフ・サイクルの各段階における成長性の判断は他の要因を勘案しながら注意深くおこなう必要がある。

## 第6節　損益分岐点分析

### 第1項　損益分岐点分析

これまでに述べられたさまざまな分析のうち，収益性分析および安全性分析に活用される手法に，損益分岐点分析，がある。この損益分岐点分析は，

企業の収益構造を把握するのみならず，収益，費用，および利益のみっつの関係を分析することによって，将来的な利益計画の立案や新規事業計画等にもちいることができる。

　損益分岐点分析とは，企業の損益が0になる採算点をもとめ，その採算点から現在の売上高がどれだけ乖離しているのかを把握することによって，企業の安全性や収益性を検討する分析手法，である。この損益分岐点分析はこれによって企業の現在の経営情況を把握したり，これを将来的なさまざまな計画の立案に応用したりすることができる。損益分岐点とは，叙上の，採算点，のことであって，文字どおり，損失が発生するか利益が発生するかの分かれめ，すなわち，売上＝費用，となるところである。したがって，売上高が損益分岐点を上廻ったばあいは利益が生じ，下廻ったばあいは損失が生ずるということになる。

　損益分岐点分析においてはすべての費用を，変動費，と，固定費，とに分けてとらえる必要がある。変動費とは，売上高や操業度の変化に比例して増減する費用，であって，たとえば直接原材料費，荷造り運賃費，外注加工費等のことである。他方，固定費とは，短期的には売上高や操業度の変化には関係なく一定額，発生する費用，であって，たとえば土地や建物の賃借料，保険料，減価償却費，正社員の人件費等のことである。費用をこのように分けてとらえることによって，費用や利益はどのように変化するのか，利益を得るためにはどれくらいの売上高が必要になるのか，といったことを把握することができる。なお，損益分岐点分析は，費用（cost），操業度（volume），および利益（profit），の関係から分析する方法であることから，「CVP分析」とも呼ばれる。

　損益分岐点の求め方は以下のとおりである。既述のように，まずはすべての費用を変動費と固定費とに分けてとらえることが必要である。ついで，このふたつの費用をもとに下記の式をもって損益分岐点売上高をもとめる。損益分岐点売上高とは，売上高と総費用とが等しい売上高，である。

$$売上高（損益分岐点売上高）＝総費用$$

$$＝固定費＋変動費$$

$$＝固定費＋\frac{変動費}{売上高}×売上高$$

$$＝\frac{固定費}{1－\dfrac{変動費}{売上高}} \quad \text{◆編者註38}$$

$$＝\frac{固定費}{1－変動比率}$$

$$＝\frac{固定費}{限界利益率}$$

**限界利益**とは，売上高から変動費を控除した利益，であって，事業継続のための限界を意味し，また，限界利益率は，限界利益を売上高で除したもの，である。限界利益率は高ければ高いほど望ましいとされている。他方，変動比率とは，売上高に占める変動費の割合，であって，この比率は低いほうが望ましいとされている。限界利益率と変動比率とは表裏の関係にあって，すなわち，両者の合計が100％になる。たとえば売上高が1,000，変動費が600

> **編者註38** 上式からこの式へのプロセスは以下のとおり。
>
> $$売上高－\frac{変動費}{売上高}×売上高＝固定費$$
>
> $$売上高\left(1－\frac{変動費}{売上高}\right)＝固定費$$

であるとすると，限界利益は400になる。このばあい，限界利益率は40%，変動比率は60%，したがって，両者を足し合わせると100%になる。

$$限界利益 = 売上高 - 変動費$$

$$限界利益率 = \frac{限界利益}{売上高} \times 100 \, (\%)$$

$$= \frac{売上高 - 変動費}{売上高} \times 100 \, (\%)$$

$$= \left(1 - \frac{変動費}{売上高}\right) \times 100 \, (\%)$$

$$変動比率 = \frac{変動費}{売上高} \times 100 \, (\%)$$

また，損益分岐点売上高をもとに，損益分岐点比率，をもとめることができる。損益分岐点比率は，損益分岐点が実際の売上高にたいしてどの程度の割合であるのか，をしめしている。この比率が低ければ低いほど，収益力は大きい。

$$損益分岐点比率 = \frac{損益分岐点売上高}{実際の売上高} \times 100 \, (\%)$$

さらにまた，安全余裕率，という指標がある。安全余裕率は，売上高が損益分岐点売上高を超える額を，安全余裕額，とし，この安全余裕額を売上高で除することによってもとめられる。この指標によって，現在の売上高のうち，損益分岐点を超える部分の割合，を知ることができ，赤字になるまでの売上高減少の余裕の度合いを把握することができる。

安全余裕額＝売上高－損益分岐点売上高

$$安全余裕率 = \frac{売上高 - 損益分岐点売上高}{売上高} \times 100 （\%）$$

$$= \frac{安全余裕額}{売上高} \times 100 （\%）$$

### 第2項　損益分岐点図表

損益分岐点は図表をもちいることによってももとめることができる。この図表を「損益分岐点図表」ないし「利益図表」という。損益分岐点図表は以下の手順をもって作成される。

① 　正方形を描き，縦軸を売上高，費用，損益，横軸を売上高とする。
② 　原点（0）から対角線を引く。この対角線（線0A）を「売上高線」という。

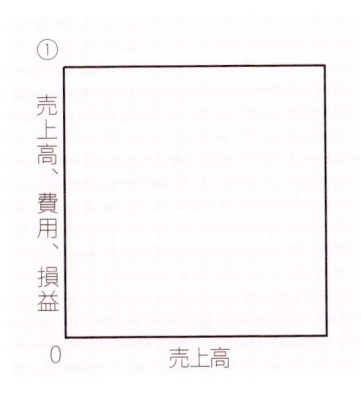

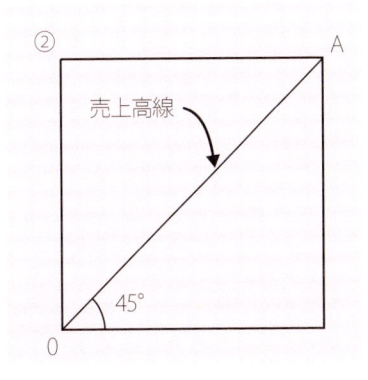

③ 縦軸に固定費をしめす点（B）を記し，この点から横軸に平行する線を引く。この線（線BC）を「固定費線」という。

④ 横軸に売上高をしめす点（D）を記し，この点から縦軸に平行する線を引く。この線DE上の固定費（線DF）に変動費を加算した点をGとする。線FGは変動費をしめし，したがって，線DGは総費用をしめす。

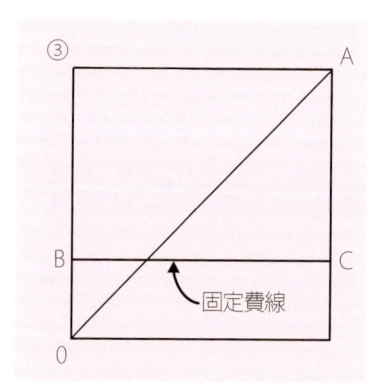

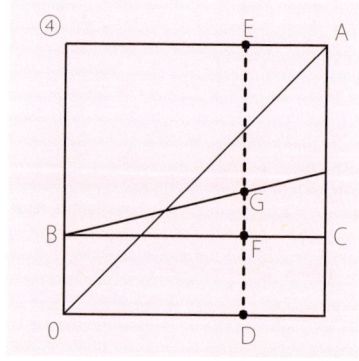

⑤ 点Bと点Gとをとおる線BHを引く。この線は固定費と変動費との合計をしめしていることから，「総費用線」という。この総費用線（線BH）と売上高線（線0A）との交点（I）が損益分岐点となる。

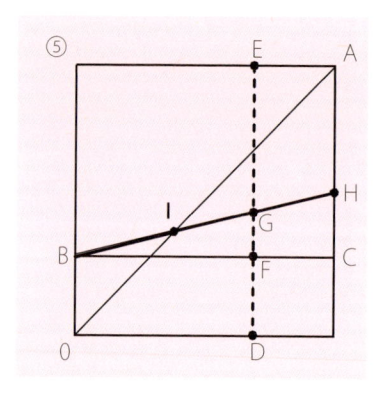

# 第11章 会計制度

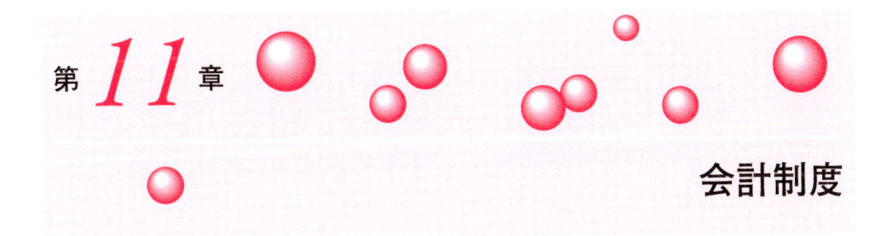

## 第1節　日本の会計制度

### 第1項　「トライアングル体制」と呼ばれる会計制度

　日本のいわゆる会計制度を「トライアングル体制」と呼ぶことがある。この呼称の意味するところは，日本においては系統の異なるみっつの法律が会計という行為を規制し，しかも，独特のバランスを保っている，ということにある。このみっつの法律とは，**会社法，金融商品取引法，税法（法人税法）**，のことであって，あたかもトライアングルのように企業がおこなう会計を3方向から規制している。◆編者註39

> **編者註39**　後述されるように，会社法はかつては商法，また，金融商品取引法はかつては証券取引法であって，したがって，かつては商法，証券取引法，法人税法の3法が会計を規制する情況をもって「トライアングル体制」と称し，この情況が，日本の会計をややこしくしている，とされていた。
> 　ただし，この，ややこしさ，は，会計が複数の法によって規制されている，ということのみをもってこれがもたらされていたわけではなくして，この3法はそれぞれが出自ないし種姓，理念ないし目的などといったものを異にし，したがってまた，それぞれが会計にたいして異なったいわば要求をもっている，ということがこれをもたらしていた。
> 　たとえば一般に，商法の理念ないし目的は債権者保護，他方，証券取引法の理念ないし目的は投資者保護，とされているが，こうした理念ないし

目的は出自ないし種姓と密接な関係にある。たとえば商法は，後述されるように，ドイツの商法に由来するが，さらに溯ればフランスはルイ14世の時代，1673年の商事王令にゆきつく。資本と経営との分離が一般化をみない当時にあって，法がだれかを保護する，としたら，そこにいたのは，債権者のみ，であった。なお，フランスの商事王令については以下をみよ。
　友岡賛『歴史にふれる会計学』有斐閣，第3章。

　また，たとえば如上の商法はいわゆる大陸法の系統に属し，アメリカよりもたらされた証券取引法はいわゆる英米法の系統に属するが，大陸法と英米法とはいわば法のあり方を根本的に異にしている。フランス，ドイツの法に代表される前者にあっては，詳細，厳密な規定をもって一定レヴェルの秩序はこれが維持される反面，画一的，硬直的であるがゆえに，多様性ないし変化に的確に対応しうるか，という点において問題がある（編者はそうした前者を「ロウ－リスク・ロウ－リターン型の法」と呼んでいる）。他方，イギリスの法に代表される後者にあっては，厳密な規定はこれをもつことなく，個々の情況における判断にことを委ねるため，適切な判断がおこなわれるばあいには弾力的，的確な対応がもたらされる反面，適切な判断がおこなわれないばあいには一定レヴェルの秩序すら維持されえない（編者はそうした後者を「ハイ－リスク・ハイ－リターン型の法」と呼んでいる）。

　さらにまた，たとえば，叙上のように，債権者保護を旨とする商法は債務弁済のための資金が多くあることを欲し，したがって，資金の流出を意味する配当はこれが少ないことを欲し，したがって，配当の源泉たる利益はこれが少ないことを欲し，したがって，（収益－費用＝利益，という関係にある）費用はこれが多いことを欲し，したがって，費用を減らし，しかも担保価値をもたない繰延資産はこれを好まず，また，費用を増やす引当金はこれを好むが，他方，つまるところは税収の確保を旨とする（要するに，税金を多く徴収したい）法人税法は利益（課税所得）はこれが多いことを欲し，したがって，費用はこれが少ないことを欲し，したがって，費用を減らす繰延資産はこれを好み，また，費用を増やす引当金はこれを好まない。

会社法，金融商品取引法，税法という法制度の枠内でおこなわれる会計，あるいはこうした法律の目的を果たすためにおこなわれる会計をそれぞれ「会社法会計」，「金融商品取引法会計」，「税法会計」という。◆編者註40

### 第2項　よりどころとなる企業会計基準

　会社法会計，金融商品取引法会計，税法会計のよりどころとなる存在が，企業会計基準，である。**企業会計基準**とは，いかなる企業も遵守しなければならない会計処理の規範，である。

　企業会計基準は，一般に，慣習法の性格を有するといわれる。慣習法とは慣習にもとづいて成立する法である。企業会計基準のひとつ，1949年に公表された企業会計原則は「企業会計の実務の中に慣習として発達したもののなかから，一般に公正妥当と認められたところを要約したものであって，必ずしも法令によって強制されないでも，すべての企業がその会計を処理するに当って従わなければならない基準」とされている。したがって，企業会計基準は企業会計における実践規範（本章のいう，よりどころ）として機能しているのである。

### 第3項　企業会計基準の設定機関の変遷

　現在，企業会計基準は，企業会計基準委員会，という民間の機関によって設定されている。同委員会は財団法人財務会計基準機構の傘下におかれ，新規に公表される会計基準の設定を担っている。同財団は民間企業からの会費収入によって運営され，専従の職員や研究員を有している。

　このように民間の機関が企業会計基準を設定しはじめたのは実は最近のことであって，財団法人財務会計基準機構の設立は2001年7月，また，企業会

> 編者註40　「第4節」に述べられるような，会計，を一般に「税法会計」ないし「税務会計」というが，編者とすれば，これを「会計」と称することには疑問がある。

計基準第1号,自己株式及び法定準備金の取崩等に関する会計基準,が公表されたは2002年2月のことであった。これ以前の基準設定は大蔵大臣の諮問機関たる大蔵省企業会計審議会が担っていた。企業会計審議会は現在においても金融庁長官の諮問機関として存続しているが,実質的な会計基準設定の役割は民間の機関に委譲された。

　これはアメリカのゆき方に倣っての改革であった。アメリカにおいては,かねてより財務会計審議会(Financial Accounting Standards Board (FASB))という民間の機関が会計基準の制定を担ってきた。また,国際会計基準審議会(International Accounting Standards Board (IASB))も同様に非政府機関として存在している。こうした国際的な潮流のなか,日本における会計基準の設定主体も官から民へと移された。

## 第4項　企業会計基準の諸相

　まずは1949年に経済安定本部から公表された企業会計原則および1954年に大蔵省企業会計審議会から公表された企業会計原則注解(両者を併せて「いわゆる企業会計原則」と呼ぶこともある)にくわえ,企業活動の多様化とともに種々の会計基準や意見書等が公表されつづけ,2006年現在では次頁のようなものが存在する(主要なものにかぎる)。

## 企業会計基準

| いわゆる企業会計原則 | その他の企業会計基準 |
|---|---|
| 企業会計原則（1949年7月9日，1954年7月14日，1963年1月15日，1974年8月30日，最終改正1982年4月20日）<br>企業会計原則注解（1954年7月14日，1963年1月15日，1974年8月30日，最終改正1982年4月30日） | 連結財務諸表原則（1975年6月24日，最終改正1997年6月6日）<br>連結財務諸表原則注解（1975年6月24日，最終改正1997年6月6日）<br>外貨建取引等会計処理基準（1975年6月26日，最終改正1999年10月22日）<br>セグメント情報の開示基準（1988年5月26日）<br>リース取引に係る会計基準（1993年6月17日）<br>中間連結財務諸表等の作成基準（1998年3月13日）<br>連結キャッシュ・フロー計算書等の作成基準（1998年3月13日）<br>研究開発費等に係る会計基準（1998年3月30日）<br>退職給付に係る会計基準（1998年6月16日，最終改正2005年3月16日）<br>税効果会計に係る会計基準（1998年10月30日）<br>金融商品に関する会計基準（1999年1月22日，最終改正2006年8月11日）<br>自己株式及び準備金の額の減少等に関する会計基準（2002年2月21日，2005年12月27日，最終改正2006年8月11日）<br>固定資産の減損に係る会計基準（2002年8月9日）<br>1株当たり当期純利益に関する会計基準（2002年9月25日，最終改正2006年1月31日）<br>企業結合に係る会計基準（2003年10月31日）<br>役員賞与に関する会計基準（2005年11月29日）<br>貸借対照表の純資産の部の表示に関する会計基準（2005年12月9日）<br>株主資本等変動計算書に関する会計基準（2005年12月27日）<br>事業分離等に関する会計基準（2005年12月27日）<br>ストック・オプション等に関する会計基準（2005年12月27日）<br>棚卸資産の評価に関する会計基準（2006年7月5日） |

## 第2節　会社法と会計と

### 第1項　かつての商法会計と証券取引法会計との対立

　2006年5月の会社法施行以前の商法は1899年に制定され，数々の改正を経たものであった。1899年当時，模範とした1897年のドイツ商法は，決算期末において会社がどれだけの資産および負債を有しているかを重視する財産法的思想のもとに立法されていたため，期末における純資産額の把握を主たる目的とし，したがって，貸借対照表を重視することになった。商法会計は債権者保護を目的とする資本維持の原則を掲げ，また，株主への配当可能利益の額を把握し，確定することを目的としていた。ここに，商法会計は利害調整機能を重視する，とされる所以があった。

　他方，かつての証券取引法会計は，投資家保護の立法趣旨のもと，一定期間における利益計算を中心に理論構成されていたため，どちらかといえば損益計算書を重視していた。また，証券取引法会計では，投資者の意思決定に有用な情報を提供すること，が重視され，そうした意味において，一般には，商法会計とは相対立する会計制度，として説明されていた。

　しかし，少なくも2006年5月に施行された会社法および会社計算規則においておこなわれる会社法会計と，2006年6月に成立した金融商品取引法においておこなわれる金融商品取引法会計とは，相対立する会計制度，といったものではなく，会計情報の利用者志向性が高い国際標準にかぎりなく近い会計，俗に「意思決定有用性アプロウチの会計」とも称される会計がおこなわれるようになった。会社法会計と金融商品取引法会計との両者がおこなわれる株式会社にあっては，ほぼ同様のふたつの会計制度によって規制されている，という表現をもちいても間違いはないであろう。

　ただし，会社法は適用されるが，金融商品取引法は適用されないような中小会社のばあいには，会計の利害調整機能は依然として捨象しえない重要な機能，といえよう。

### 第2項　会社法会計とよりどころとしての企業会計基準と

　会社法は「株式会社の会計は，一般に公正妥当と認められる企業会計の慣行に従うものとする」とし，会社計算規則は「この省令の用語の解釈及び規定の適用に関しては，一般に公正妥当と認められる企業会計の基準その他の企業会計の慣行をしん酌しなければならない」とする。

　ここにおける，企業会計の基準，とは，いわゆる企業会計原則を首めとする成文化された企業会計において採用されるべき会計処理の方法および手続き，のことであって，前述の企業会計基準のみならず，日本公認会計士協会が公表した実務指針等もこれにふくまれる。また，企業会計の慣行，とは，このような企業会計基準のもとにおいておこなわれる会計慣行，のことであって，ただし，諸外国におけるより精緻な企業会計の基準のもとにおいておこなわれる会計慣行もこれにふくまれると解釈しうる。

　会社法のもとにおいておこなわれる会社法会計にあっても，企業会計基準は，よりどころ，として機能している。

## 第3節　金融商品取引法と会計と

### 第1項　金融商品取引法の会計規制の基本理念

　1948年に制定された証券取引法は「国民経済の適切な運営及び投資者の保護に資するため，有価証券の発行及び売買その他の取引を公正ならしめ，且つ，有価証券の流通を円滑ならしめること」を目的とし，その基本理念は，投資者保護，であった。しかも，ここにおける，投資者，とは，不特定多数の投資者，のことであって，こうした一般投資者にたいして，有価証券の取引において必要な適正な情報が公平かつ適時に提供されるようにすること，を主眼としていた。

　証券取引法はこれを改正する法律が2006年6月に成立，これによって「金融商品取引法」へと改称され，その適用対象を広く金融商品をふくむ有価証券全般におよばせることになった。ただし，基本理念はこの金融商品取引法

へのいわば衣替えによって変わることはなく，主要な目的は投資者保護，したがって，投資者の意思決定に有用な情報の提供が重視されることにも変わりがない。

### 第2項　金融商品取引法会計とよりどころとしての企業会計基準と

　金融商品取引法は「この法律の規定により提出される貸借対照表，損益計算書その他の財務計算に関する書類は，内閣総理大臣が一般に公正妥当であると認められるところに従って内閣府令で定める用語，様式及び作成方法により，これを作成しなければならない」と規定している。

　ここにいう内閣府令は財務諸表等規則（正式名称は「財務諸表等の用語，様式及び作成方法に関する規則」）のことであって，そもそもこの財務諸表等規則それ自体，企業会計基準を範として制定されたものである。さらに，財務諸表等規則はこの規則に定められない事項については「一般に公正妥当と認められる企業会計の基準に従うものとする」としている。この企業会計の基準は前述の企業会計基準であると解釈しうる。したがって，金融商品取引法会計にとって企業会計基準は全面的な，よりどころ，となっているのである。

### 第3項　国際会計基準の国内基準化の進展

　日本においては1990年代後半ないし2000年代前半に証券取引法の規制対象の上場会社に適用される会計基準の大幅な改正がおこなわれた。主として国際会計基準に準拠する国内基準の改変は俗に「会計ビッグバン」とも呼ばれ，国際会計基準の国内基準化の進展としてとらえることができよう。後掲の表「会計基準の国際比較」にても確認しうるとおり，2006年現在，8割程度は統一されたといっても過言ではなかろう。

　このような制度改革の背景としては，日本企業の国際化や多角化がすすみ，多国籍企業として成長したこと，国際的に日本の会計基準の不備が指摘されつづけてきたこと，国際的な資金調達需要の増大によって外国人の投資者が増加したこと，証券市場がボーダーレス化したこと，などが挙げられる。

ただし，完全な統一が果たされたというわけではなくして，一部には齟齬もある。そうした齟齬の部分をいかに解決してゆくかは「会計基準のコンヴァージェンス（収斂）」の名をもっておこなわれている議論における課題といえよう。なお，次頁からの表（金融庁企業会計審議会企画調整部会の公表資料「会計基準の国際比較－主な日本基準，国際会計基準（IAS/IFRS），米国基準の概要」）は2006年現在の情況をまとめたものである。

## 第4節　税法と会計と

### 第1項　税法会計の特色

税法会計は，その目的という点において，会社法会計および金融商品取引法会計とはおもむきを異にしている。税法会計は，会社法会計および金融商品取引法会計のように利害関係者にたいする企業内容の開示ということが前提の会計ではなくして，税額を計算するための会計であるからである。◆編者註41

日本の税収のうち，個人所得税によるものとともに大きな割合を占めるのは法人企業から徴収されるものである。法人企業に課される税は国税と地方税とに大別されるが，法人企業が営業活動において得た利益に直接に関連づけられ，その額が計算されるのは国税たる法人税である。この税の額は法人税法をもとにして計算されている。税法会計は「法人税法会計」と呼ぶほうが適切かもしれない。

### 第2項　税法会計と企業会計基準との関係および逆基準性の問題

法人税法は，課税所得の計算について，益金および損金の額は「一般に公正妥当と認められる会計処理の基準に従って計算されるものとする」としている（「課税所得」，「益金」，「損金」はまずは会計における「利益」，「収益」，「費用」に対応する概念ととらえておけばよい）。この，一般に公正妥当と認められ

> 編者註41　編者註40をみよ。

## 会計基準の国際比較—主な日本基準，国際

| 会計基準 | 項目 | 日本基準 |
|---|---|---|
| 金融商品 | 有価証券の評価 | 分類により，時価ないし償却原価法（債券） |
| | 貸倒見積高の算定／減損の測定 | 割引将来キャッシュ・フロー |
| | 金融資産の消滅 | 法的保全の要件あり（財務構成要素アプローチ） |
| | デリバティブの評価 | 時価 |
| | ヘッジ会計 | ヘッジ会計の要件を満たす場合 |
| 企業結合 | 基本的方法 | パーチェス法 |
| | 持分プーリング法 | 厳格な要件を満たした場合のみ例外的適用 |
| | のれん | 厳格に償却及び減損 |
| 資産の減損 | グルーピング | 概ね独立したキャッシュ・フローを生み出す最小の単位 |
| | 減損の兆候 | 評価する |
| | 認識テスト | 割引前将来キャッシュ・フロー |
| | 測定 | 回収可能額（正味売却可能額と使用価値のいずれか高い方） |
| | 減損損失の戻入れ | 戻入れなし |
| 退職給付 | 負債の計上 | 退職給付債務に未認識の過去勤務債務及び数理計算上の差異を加減し，年金資産を控除した額 |
| | 数理計算上の差異 | 厳格に全額償却対象 |
| | 最小負債の計上 | なし |
| 税効果 | 基本的方法 | 資産負債法 |
| | 繰延税金資産の計上 | 回収可能性／実現可能性による |
| リース | ファイナンスリースの処理 | 資産または費用 |
| 研究開発費 | 開発費の処理 | 費用 |
| 連結財務諸表 | 子会社の範囲 | 支配力基準 |
| 投資不動産 | 測定 | 原価 |

## 会計基準（IAS／IFRS），米国基準の概要

| 国際会計基準（IAS／IFRS） | 米国基準 |
| --- | --- |
| 分類により，時価ないし償却原価法（債券） | 分類により，時価ないし償却原価法（債券） |
| 割引将来キャッシュ・フロー | 割引将来キャッシュ・フロー |
| 法的保全の要件なし（主としてリスク・経済価値アプローチ） | 法的保全の要件あり（財務構成要素アプローチ） |
| 時価 | 時価 |
| ヘッジ会計の要件を満たす場合 | ヘッジ会計の要件を満たす場合 |
| パーチェス法 | パーチェス法 |
| パーチェス法のみ | パーチェス法のみ |
| 非償却，減損のみ | 非償却，減損のみ |
| 概ね独立したキャッシュ・フローを生み出す最小の単位 | 概ね独立したキャッシュ・フローを生み出す最小の単位 |
| 評価する | 評価する |
| 回収可能額（正味売却価額と使用価値のいずれか高い方） | 割引前将来キャッシュ・フロー |
| 回収可能額（正味売却可能額と使用価値のいずれか高い方） | 公正価値 |
| 戻入れあり（のれんを除く） | 戻入れなし |
| 退職給付債務に未認識の過去勤務債務及び数理計算上の差異を加減し，年金資産を控除した額 | 退職給付債務に未認識の過去勤務債務及び数理計算上の差異を加減し，年金資産を控除した額 |
| 回廊超過分を償却 | 回廊超過分を償却 |
| なし | 未積立累積給付債務を計上 |
| 資産負債法 | 資産負債法 |
| 回収可能性／実現可能性による | 回収可能性／実現可能性による |
| 資産 | 資産 |
| 資産 | 費用 |
| 支配力基準 | 持株基準 |
| 公正価値ないし原価 | 一般的に原価 |

※整合的処理

る会計処理の基準，も企業会計基準であると解されている。したがって，税法会計にとっても，企業会計基準は，よりどころ，となっているのである。

しかしながら，実際には，税法会計が企業会計の，よりどころ，であるかのように機能するばあいが見受けられる。たとえば減価償却費は，税法に遵って算定された額をもって損益計算書に計上されていなければ損金として認められないため，税法に遵った処理がおこなわれる。また，企業会計上は必要な費用であっても，損金として認められないために計上しない，などといったこともある。こうしたこと，すなわち，税法会計のよりどころとなるべき（企業会計基準に遵っておこなわれるべき）企業会計が逆に税法会計に制約されていること，を「逆基準性の問題」という。

### 第3項　確定決算主義

会社は毎期，決算をおこなって当期利益（ないし当期損失）を計算し，これについて株主総会の承認を受けることになっている。

決算の内容は，外部との取引の事実にもとづく記録によるもののみならず，減価償却費や各種の引当金の計上などのように会社内部の計算によるものもある。また，会計処理にかんしても，同様の取引についていくつかの方法が認められ，会社にその選択が委されているものもある。そうしたなか，おこなわれた決算は株主総会で承認を受けることによって確定する。

税法においては，確定した決算の当期利益を基礎として税務調整をおこない，所得金額を計算する，ということになっている。これは「確定決算主義」と呼ばれる。　◆編者註42

> **編者註42**　確定決算主義と逆基準性の問題とについて。
> 　　課税所得の算定には，会計における利益計算との関係という点において，ふたとおりのゆき方がある。①会計における利益計算と課税所得の算定とはそれぞれ別箇におこなう，というゆき方と，②会計において計算された利益（確定した決算における利益）にもとづいて課税所得を算定する，と

いうゆき方とである。

　日本において採用されている②が「確定決算主義」と呼ばれるものであって，要するに，会計上の利益を基準として課税所得を算定する，ということである。

　しかしながら，実際には，逆に課税所得を基準として会計における利益計算がおこなわれてしまっている，ということを「逆基準性の問題」という。

　「財務諸表の作成にさいしては，たとえば減価償却において定額法，定率法などが認められているなど，同様の取引について複数の処理方法が認められているばあいがあるが，これはむろん，各企業の固有の環境においてもっとも適切な処理方法，すなわち，その企業の情況をもっとも適切にしめす数値をもたらす処理方法，がもちいられるべき，という考え方にもとづいている」と述べたのは**編者註34**（「第9章」）であったが，これを，利益，についていえば，その企業の情況をもっとも適切にしめす利益額をもたらす処理方法，がもちいられるべき，ということである。

　しかしながら，実際には，課税所得がもっとも少なくなるような処理方法，すなわち税額がもっとも小さくなるような処理方法，がもちいられてしまっている（したがって，その企業の情況をもっとも適切にしめす利益額はもたらされなくなってしまっている），ということ，これも逆基準性の問題である。

　ただし，確定決算主義において企業の経営者は，本来であれば，ディレンマに陥るはずである。すなわち，「第1章」に述べられたように，自己の責任に帰されることとなる経営成績をあらわす利益額はこれを能うかぎり大きくしたい一方，課税所得額，すなわち税額はこれを能うかぎり小さくしたい，ということである。

　しかしながら，詳細は割愛するが，日本の経営者は，アメリカなどの経営者とは異なり，利益が少なければ馘になる，という情況にはかならずしもない。したがって，ディレンマには陥ることなく，課税所得額，すなわち税額を能うかぎり小さくしたい，ということになる。なお，割愛された詳細は以下をみよ。

　友岡賛『株式会社とは何か』講談社，第1章。

### 第4項　所得の計算

法人税法によれば，法人の各事業年度の所得金額は，その事業年度の益金の額から損金の額を控除した額，である。

　　益金の額－損金の額＝所得金額

#### 🔴 益金の意義

益金の額には，商品，製品などの販売による収益，固定資産や有価証券などの売却による収益，請け負いほかの役務の提供による収益，預金，貸付金などの利息ほかの収益の額，を算入する。

ただし，資本等取引から生ずるものはのぞかれる。法人税法は，資本等取引として，資本金の増加ないし減少にかんする取引，資本準備金の増加ないし減少にかんする取引，利益ないし剰余金の分配にかんする取引，のみっつを挙げている。

各事業年度の収益の額は一般に公正妥当と認められる会計処理の基準に遵って計算することになっている。これは費用および損失の額についても同様である。なお，法人の取引によって生ずる収益であっても特別に益金の額に算入しない旨の規定があるもの，また，企業会計では収益としないものであっても特別に益金の額に算入する旨の規定があるもの，についてはその定めに遵うことになる。

#### 🔴 損金の意義

損金の額には，その事業年度に販売した商品，製品などの売上原価，完成工事原価，その事業年度の販売費および一般管理費ほかの費用ならびに損失の額，を算入する。

ただし，償却費以外の費用で事業年度末までに債務の確定していないものはのぞかれ，また，損失のうち，資本等取引から生ずるものものぞかれる。

このように，原則として，企業会計における費用および損失の額を損金に算入することになるが，法人の取引による費用であっても特別に損金の額に算入しない旨の規定があるもの，また，企業会計では費用としないもので

あっても特別に損金の額に算入する旨の規定があるもの，についてはその定めに違うことになる。

### 第5項　企業会計の利益と税法の所得と

　企業会計において決算の結果として計上される当期利益も税法における所得金額も，原則として，計算方法は異なるものではない。すなわち，両者とも，売上高などの収益の額から売上原価，販売費および一般管理費，その他の費用，ならびに損失の額を差し引いて計算する。しかし，企業会計が企業の経営成績および財政状態を明らかにすることを目的としているのにたいして，税法には課税の公平，財政収入の確保，政策などのための特別な規定がある。したがって，企業会計の当期利益の計算と税法の所得金額の計算とには異同が生ずることになる。

　すなわち，次項にしめされるように，企業会計では収益ないし費用としているものが税法では益金の額ないし損金の額に算入されないばあい，また，企業会計では収益ないし費用としないものが税法では益金の額ないし損金の額に算入されるばあい，がある。

### 第6項　企業会計と税法とが異なるばあいおよび税務調整

●企業会計と税法とが異なるばあい

　企業会計と税法とが異なるばあいとは以下のような処理がおこなわれるばあいのことである。

　**益金不算入**

　益金不算入とは，企業会計では収益としているものを税法では益金の額に算入しないこと，であって，たとえば受取配当金や還付金のケースが挙げられる。

　**損金不算入**

　損金不算入とは，企業会計では費用としているものを税法では損金の額に算入しないこと，であって，たとえば税法の限度額を超える減価償却費，貸

```
          ┌────── 当期利益 ──────┐
┌─────────┬───────────────────────┬─────────┐
│ 損金不算入 │                       │ 損金算入 │
│ 益金算入  │                       │ 益金不算入│
└─────────┴───────────────────────┴─────────┘
   └──── 所得金額 ────┘
```

当期利益＋益金算入＋損金不算入－損金算入－益金不算入＝所得金額

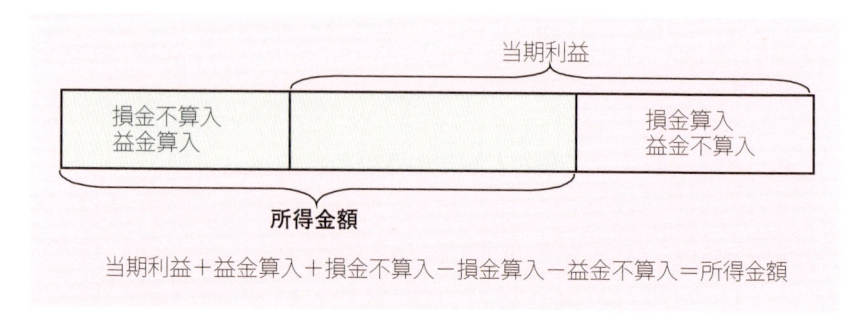

倒引当金の繰り入れ，寄附金，交際費のケースが挙げられる。

### 益金算入

益金算入とは，企業会計では収益としていないものを税法では益金の額に算入すること，であって，たとえば法人税額から控除する外国子会社の外国税額や組織変更にともなう評価替え等による資産の評価益のケースが挙げられる。

### 損金算入

損金算入とは，企業会計では費用としていないものを税法では損金の額に算入すること，であって，たとえば減価償却超過額の当期認容額（過年度に損金不算入となった減価償却費で当年度，税法で認められるもの）や国庫補助金等で取得した固定資産等の圧縮額のケースが挙げられる。

### ●税務調整

叙上のように，企業会計と税法とに異同があるなか，当期利益から所得金額を計算するまでのプロセスは「税務調整」と呼ばれ，**所得の金額の計算に関する明細書**においておこなわれる。一般に「別表四」と呼ばれるこの明細書においては，当期利益に税務調整項目の額を加算，減算する，という形で所得金額を計算する。

**別表四の仕組み**

| 摘要 | | 金額 |
|---|---|---|
| 当期利益 | | ① |
| 加算 | 益金算入 | |
| | 損金不算入 | |
| | （小計） | ② |
| 減算 | 損金算入 | |
| | 益金不算入 | |
| | （小計） | ③ |
| 所得金額 | | ①＋②＋③ |

　如上のプロセスをもって課税標準たる所得金額がもとめられる。税法会計は要するに，所得金額をもとめ，これにもとづいて税額を計算するための会計である。

　ただし，ちなみに，税法会計論はたとえば，受取配当金を企業会計では収益とするのに税法では益金としないのはなぜか，寄附金を全額は損金としえないのはなぜか，減価償却における残存価額はどの程度にするか，などといった議論をつうじ，いわば課税の理論的背景や経済政策的側面にも対象がおよぶ。

編者紹介

**友岡賛**（ともおか　すすむ）

　慶應義塾幼稚舎等を経て
　慶應義塾大学卒業
　慶應義塾大学助手等を経て
　慶應義塾大学教授
　博士（慶應義塾大学）

著書（単著のみ）
　『近代会計制度の成立』有斐閣
　『歴史にふれる会計学』有斐閣
　『株式会社とは何か』講談社（現代新書）
　『会計プロフェッションの発展』有斐閣
　『会計の時代だ』筑摩書房（ちくま新書）
　『「会計」ってなに？』税務経理協会
　『なぜ「会計」本が売れているのか？』税務経理協会
　『六本木ママの経済学』中経出版（中経の文庫）
　『会計学はこう考える』筑摩書房（ちくま新書）
　『会計士の誕生』税務経理協会
　『会計学原理』税務経理協会
　『会計学の基本問題』慶應義塾大学出版会
　『会計の歴史』税務経理協会
　『会計と会計学のレーゾン・デートル』慶應義塾大学出版会
　『日本会計史』慶應義塾大学出版会
　『会計学の考え方』泉文堂
　『会計学の地平』泉文堂
　『会計学の行く末』泉文堂

会計学

2007年10月15日　初版第1刷発行
2022年 2月25日　初版第4刷発行

編　者 ——— 友岡賛
発行者 ——— 依田俊之
発行所 ——— 慶應義塾大学出版会株式会社
　　　　　　〒108-8346　東京都港区三田2-19-30
　　　　　TEL　〔編集部〕03-3451-0931
　　　　　　　　〔営業部〕03-3451-3584〈ご注文〉
　　　　　　　　　〃　　　03-3451-6926
　　　　　FAX　〔営業部〕03-3451-3122
　　　　　振替　00190-8-155497
　　　　　https://www.keio-up.co.jp/

装丁 ——— 後藤トシノブ
印刷，製本 — 港北出版印刷株式会社
カバー印刷 — 港北出版印刷株式会社

©2007 Susumu Tomooka
Printed in Japan　ISBN 978-4-7664-1427-1

慶應義塾大学出版会

## 日本会計史

友岡賛著　奈良時代の納税管理から江戸期・豪商たちが編み出した日本固有の帳合法を経て、明治期・複式簿記の受容、そして会計原則と監査制度をめぐる昭和期の挑戦と挫折…。会計制度・会計学の発展過程をたどった、初めての日本会計通史！　　　　　　　　　　　　　　　　　　◎2,400円

慶應義塾大学商学会商学研究叢書22
## 会計と会計学のレーゾン・デートル

友岡賛著　会計が守るべき構造とは何か？　果たすべき機能とは何か？　時価評価の導入をはじめ今日まで続く会計制度改革の流れを鳥瞰し、その意味と意義、今後の行方を著者独自の歴史的・理論的視点から論じる。　　　　　　　◎3,000円

## 会計学の基本問題

友岡賛著　会計とは何か？　利益の意義や簿記と会計の関係を問い直し、会計および会計学の歴史過程を辿りながら、これからの会計研究の在り方を示唆する。会計本質論のエッセンスが凝縮された論攷集。　　　　　　　　　　　◎4,300円

## 会計士の歴史

R・H・パーカー著／友岡賛・小林麻衣子訳　会計士はどこからきたのか？　19世紀から20世紀初頭のイギリス・北米を舞台に、近代会計士の起源と発展の過程を明らかにし、その本質を問いかける。世界の研究者に影響を与えた名著ながら、平易簡潔で読みやすい。会計士を目指す方々にお勧めの一冊。　◎1,500円

表示価格は刊行時の本体価格(税別)です。